Johannes Nestroy

Über dem Meer

Die Rose des Antoine de Saint-Exupéry

JOHANNES NESTROY

Über dem Meer

Die Rose des Antoine
de Saint-Exupéry

braumüller

Bibliografische Information der Deutschen Nationalbibliothek
Die Deutsche Nationalbibliothek verzeichnet diese Publikation
in der Deutschen Nationalbibliografie; detaillierte bibliografische
Daten sind im Internet über http://dnb.d-nb.de abrufbar.

Printed in Austria

1. Auflage 2018
© 2018 by Braumüller GmbH
Servitengasse 5, A-1090 Wien
www.braumueller.at

Fotos: Cover Antoine de Saint-Exupéry: Wikimedia Commons,
Public Domain/ Wikimedia Commons, Cover Flugzeuge: Florence
Ramioul (Creative Commons Attribution-Share Alike 3.0 Unported)
Vor- und Nachsatz: Archiv Johannes Nestroy

Lektorat: Mario Wurmitzer
Druck: EuroPB, Dělostřelecká 344, CZ 261 01 Příbram
ISBN 978-3-99200-220-7

Für meine Tochter *Paula*,
die sich allerdings ein Kinderbuch wünschte,
und
im Andenken an *Herbert Rosendorfer*

Inhalt

Dir Mnemosyne, *Titanin der Erinnerung!*

Ein bezauberndes, altersloses Wesen, welches stets in meine Vergangenheit blickt …

So hab' ich dich vor mir! Ich hingegen, um im Leben zu bestehen, richte meinen Blick meist nach vorne. Sehr oft jedoch, wenn ich an Vergangenes denke, und dies geschieht immer häufiger und eindringlicher je älter ich werde, blicken wir gemeinsam zurück. Deshalb sehen wir einander Zeit unseres Lebens nie ins Antlitz. Meine teure Mnemosyne, ich kann nicht anders, ich muss dich fragen: Ist uns Sterblichen dies nicht gegönnt oder ist die Zeit für diesen ersten und wohl auch letzten Blick in deine Augen für mich noch nicht gekommen?

Wird meine so maßlos große Sehnsucht meinen Blick wenigstens ein einziges Mal aus der rückblickenden Gemeinsamkeit zu lösen und auf dich richten zu dürfen, jemals gestillt werden?

Prolog im Himmel

Über dem Meer traf ihn plötzlich ein Schmerz, ein vernichtender Schmerz, ein Angriff aus seinem Innersten, dem er nicht gewachsen war. Denn er war gewohnt, dass jegliche Gefahr von außen an ihn herantrat.

Über dem Meer bereute er nichts. Er rauchte, wann immer sich Gelegenheit bot, schonte weder Geist noch Körper, hielt sich mit Kaffee wach und fand seit einiger Zeit in nur kurzem Schlaf keine ausreichende Erholung. Er dachte an Borgo, an seine Rückkehr, an die, die ihn erwarten würden, am Flugplatz, zu Hause. Und er dachte ans Wiederaufsteigen, an die Widersinnigkeit sich einen Fallschirm angurten zu lassen, dachte aber auch an die ruhigen Flüge unter einem hellen südlichen Mond. Und dachte daran, dass er noch schreiben wolle, vieles noch schreiben müsse.

Der heftig stechende Schmerz, der sich zu einer wilden Umklammerung steigerte und bis in die Finger seiner linken Hand ausstrahlte, bemächtigte sich immer mehr seiner Gegenwart.

Als ob das bisher Vorgefallene nicht bereits bis an seine Unerträglichkeit vorgedrungen wäre, entdeckte er dann in der Ferne, gut 300 Meter unter ihnen, ein Flugzeug auf sie zukommen. Der Typ war ihm unbekannt, es war jedoch ein deutscher Jäger. In diesem Küstenabschnitt hatte er auch mit Feindberührung gerechnet. Er hielt auf das Jagdflugzeug zu, aber nicht um es aus der Überhöhung anzugreifen, seine Lightning war unbewaffnet, sondern um ihm zu entkommen und sich auf diese Weise den rettenden Weg zur Insel freizuschlagen.

Das gegnerische Flugzeug kurvte jedoch nicht nach unten weg, wie er aus Erfahrung vermutet hatte, sondern gewann an Höhe. Das verhieß nichts Gutes.

Das auffallend ruhige Wasser dieses Hochsommertages, das den strahlenden Zenit der Sonne nicht in sich aufnahm, sondern dem Himmel unvermindert entgegenwarf, blendete ihn für wenige Augenblicke. Er verlor die deutsche Maschine aus den Augen.

Danach sah er nur noch das tiefblaue Meer. Aber es war nicht nur dieses eine sich tatsächlich unter ihm ausbreitende Meer. Es waren alle Meere und Wüsten, alle Oasen und Gebirgsketten, jede Stadt und jede kleine, sich im abendlichen Dämmerlicht windende Landstraße, die er je überflogen hatte. Überall befand er sich jetzt, tauchte in jedes Detail und auch in dessen Gesamtheit gleichzeitig und all-umfassend ein.

Noch über dem Meer versiegte der Schmerz, noch über dem Meer verblassten die Bilder, noch über dem Meer verließ ihn das Leben.

Im Park von Château La Môle

Leben heißt, langsam geboren zu werden.
Antoine de Saint-Exupéry

Sein Aeromobil aus Pappmaché in Händen läuft er auf dem Kiesweg an der Rückseite des Schlosses zu seinem Lieblingsbaum. Eine ungewöhnlich hohe und sehr alte, von mehreren Blitzschlägen gezeichnete Linde steht etwas abseits des Hauses am Waldrand. Es ist Nachmittag, Ende Juni, sein Geburtstag naht.

Die südliche Provence liegt schon seit einigen Wochen unter einem tiefblauen Sommerhimmel. Der Rasen des Parks ist frisch geschnitten, und der Duft des Grases breitet sich über das Anwesen seines Großvaters.

Im Sommer des vorletzten Jahres sind im Gebiet von Draguignan ungewöhnlich viele und heftige Gewitter niedergegangen. Der Park und der Garten von La Môle sind einige Male von stürmischen Regenfällen und Blitzschlägen heimgesucht worden.

Der Gärtner Clément, der seit jenem Sommer als zusätzliche Hilfe zum alten Jérôme im Schloss aufgenommen worden ist, reinigt und ölt die Gartenwerkzeuge. Er trägt einen breitkrempigen Strohhut, dessen ausgefranster Rand in allmählicher Auflösung begriffen ist. Er blickt von seiner Arbeit auf, als das Fluggerät mit dem jungen Flugzeugführer an ihm vorbei in Richtung Waldrand entschwindet.

Die Schwestern sitzen im Schatten der Linde und brennen darauf das Aeromobil zu sehen. Denn alles, was ihr Bruder für die Lüfte baut, nennt ihr Großvater Aeromobil. Diese Bezeichnung hat er sich einfallen lassen müssen, als ihm sein Enkel vor einigen Tagen stolz seine Konstruktion vorgeführt hat.

„Ich habe es für den Himmel über allen Ländern und Meeren gebaut", sagt der junge Konstrukteur. Alle, die sein Aeromobil sehen, wollen auf der Stelle mitfliegen.

„Es hat Platz für vier Passagiere, kann auf Sand, Land und Wasser starten und landen und fliegt, angetrieben vom Wind, der in den Flügeln eingebaut ist", berichtet er stolz.

„Ich habe es überall blau angemalt. Es ist nämlich ein Versteck-Aeromobil für zwischen Himmel und Meer", klärt der Bruder seine beiden ahnungslosen Schwestern auf.

Biche und Monot sind von dem blitzblauen Flugzeug hellauf begeistert. Und als ihr Bruder aufspringt und, ein Motorengeräusch nachahmend, durch den Park läuft, sind auch sie sofort auf den Beinen und stürmen ihm nach.

Am Abend, als das Geburtstagskind des nächsten Tages eingeschlafen ist, betrachten sein Großvater, der Baron de La Môle und seine Mutter das blaue Aeromobil.

Der Großvater nickt anerkennend und blickt auf seine Tochter. „Er ist sehr begabt, unglaublich, und wirklich einfallsreich ist er obendrein. Und morgen feiert er erst seinen sechsten Geburtstag. Aber…", meint der Großvater nachdenklich, „solche Aeromobile existieren doch gar nicht." „Ich bin mir sicher, Vater, eines Tages wird es sie geben. Genau so, vielleicht noch viel größer. Sieht aus wie eine hellblaue Aubergine mit langen, leicht nach hinten gebogenen Flügeln. Und als Antrieb dient eingebaute Luft!", lächelnd schüttelt sie ihren Kopf. Danach stellt sie ganz vorsichtig das Aeromobil ihres erfindungsreichen Sohnes auf den Boden vor die Türe des Zimmers, in dem er mit seinem jüngeren Bruder schläft.

Schon früh am Morgen sitzt Jérôme am Küchentisch und taucht Weißbrotstücke in seinen morgendlichen Milchkaffee. Er blickt zufrieden zum Fenster hinaus auf einen großen Lavendelstrauch. Alle der Familie nennen ihn la grande lavande.

Vor bald 40 Jahren hat er ihn gepflanzt. Jérômes offensichtlich gute Platzwahl und glückliche Gärtnerhand haben ihn prächtig und zu einer sehr ansehnlichen Höhe gedeihen lassen. Leise und zaghaft wird die Küchentüre geöffnet. Wissend lächelnd richtet der alte Gärtner seinen Blick zur Tür. „Guten Morgen, Jérôme", grüßt das Geburtstagskind, freundlich wie immer, den alten Gärtner. „Setz dich zu mir, deine Milch hab' ich schon gewärmt. Wir haben noch ein wenig Zeit, bevor wir uns an die Gartenarbeit machen. Und Handschuhe in deiner Größe hab' ich auch für dich. So kannst du mir heute sogar beim Schneiden der Rosen zur Hand gehen." „Die haben ja eine blaue Schleife!" „Na ja, du hast ja heute Geburtstag, mein Kleiner!" Gleich probiert der junge Gärtner seine neuen Handschuhe an. „Das ist ein Geschenk des Monsieur. Dein Großvater hat gemeint, ich solle sie dir gleich jetzt überreichen. Tonio, als Erstes werden wir uns die Bourbon-Rosen an der Auffahrt vornehmen und danach machen wir uns an den Buchs vorne im Garten." Jérôme wischt sich mit dem Handrücken den Milchkaffe vom Mund und tritt mit seinem kleinen Begleiter ins Freie. Es ist noch angenehm mild, die Luft unbewegt. „Der frühe Morgen ist die schönste Zeit für einen Gärtner. Wenn deine Familie erwacht, haben wir beide bereits einen Gutteil der Arbeit hinter uns gebracht."

Gegen acht Uhr, nach über zweistündiger Gartenarbeit, schneidet Jérôme einige dunkelrote Rosen von einem Strauch ab und bindet sie mit Bast, den er stets bei sich trägt, zusammen. Auf dem Rückweg zum Haus bricht er noch Lavendel ab und steckt ihn zwischen die ebenfalls stark duftenden Rosen. „Das sind Marcel Bourgouin, eine neue französische Züchtung. Ich hab' sie an deinem Geburtstag eingesetzt. Tonio, die bringst du jetzt deiner Mutter aufs Zimmer, es wird sie freuen, sie von dir zu bekommen!" „Aber heute hab doch ich Geburtstag!" „Ja sicher, mein kleiner Gärtner, gerade deshalb …"

„Ma chère Maman, die sind für dich!" „Danke dir, Tonio, die sind ja besonders schön, und wie sie duften!" Die Mutter geht ans Fenster, öffnet es und blickt vom ersten Stock auf den frisch geschnittenen Buchs, der die in voller Blüte stehenden Rosenbeete begrenzt. „Da habt ihr ja heute sehr früh begonnen, Jérôme und du. Oh … und die Rosen habt ihr auch schon geschnitten, das sieht ja alles prachtvoll aus!" Stolz zeigt er seiner Mutter die Hände. Er trägt immer noch die neuen Gärtnerhandschuhe und strahlt über sein ganzes Gesicht. „Die hat mir Großvater geschenkt. Jetzt helfe ich Jérôme im Garten noch viel lieber." Gleich darauf stürmt er die Treppe hinunter in die Küche. „Maman hat unsere Arbeit bewundert!", berichtet er freudig seinem alten Gärtnerfreund, der in der Küche sitzt und sich mit Céline, der jungen Küchenhilfe, unterhält.

„Wer mit Rosen umzugehen weiß, kann sich und allen Menschen große Freude bereiten. Sieh nach, Tonio, was deine Schwestern machen, die sollten doch auch schon auf sein!"

Die Vorbereitungen für die mittägliche Einladung im Hause Fonscolombe haben längst schon begonnen. Das Silberbesteck und die kristallenen Gläser werden aufpoliert, das große Damast-Tischtuch ist mühevoll gewaschen, geglättet und gebügelt worden. Ja, eigentlich wird seit Tagen das

gesamte Anwesen auf Hochglanz gebracht. Vor-
freude bei den Erwachsenen, Ungeduld bei den
Kindern und hingebungsvolle Geschäftigkeit beim
Personal schaffen eine Atmosphäre, an die sich vor
allem Tonio später immer wieder gern erinnern
wird.

Der Höhepunkt der Speisenfolge wird auch dieses Jahr wieder ein in Zitronen-Salbei-Sauce gebra-
tener Fasan mit grob gestampften Rosmarin-Kar-
toffeln als Beilage sein. Dazu wird, dem Hochsom-
mer entsprechend, leicht gekühlter Clairet ausge-
schenkt werden.

Dieses Geburtstagsgeflügel hat eine lange Tra-
dition auf La Môle. Für die lukullische Hinfüh-
rung auf dieses sind der sehr erfahrenen Köchin des
Hauses, ebenfalls traditionellerweise, alle Freihei-
ten gewährt. Ein halbes Dutzend Verwandte und
einige Freunde der Familie werden heute erwartet
und werden sich, wie schon seit einigen Jahren, den
lukullischen Faden der Ariadne, denn so heißt die
Köchin auf La Môle tatsächlich, zum vielgerühmten
Fasan auf der Zunge zergehen lassen.

Auch am Morgen nach seinem Geburtstag sind
Tonio und der alte Gärtner wieder zeitig im Park.

Clément ist sehr früh mit dem Pferdegespann in den Ort gefahren, um feinen Kies für die Wege des Parks zu besorgen, Jérôme schärft die Sense, Tonio sitzt neben ihm auf einem Baumstrunk. Er schnitzt mit seinem neuen Messer, das er gestern von einem Freund seines Großvaters bekommen hat, hingebungsvoll an einem Birnenholzstück. Seine linke Hand, mit der er das Holzstück festhält, steckt auf Rat seiner Mutter im Gartenhandschuh. „Es soll eine Pfeife werden, so wie deine. Und wenn sie fertig ist, stopf' ich Rosenblätter hinein, die riechen so gut." Der alte Gärtner blickt lächelnd zu ihm.

„Und ich geb' dir dann noch einen einzigen Tropfen duftendes Lavendelöl."

Tonio liegt im Gras des Parks auf dem Bauch und hat sein blaues Fluggerät vor sich aufgestellt. Seine Augen sind auf gleicher Höhe mit dem Flugobjekt. Nach einer Weile nimmt er sein Flugobjekt in beide Hände, dreht sich auf den Rücken, betrachtet es vor dem hellblauen Himmelshintergrund, lässt es kleine Kreise ziehen und schließlich sanft landen. Vom Schloss her streift ein sanfter Wind über den Park. Er trägt den Duft von Rosen und

Lavendel. „Woher ist denn dein Aeromobil gekommen?" fragt eine weibliche Stimme hinter seinem Rücken.

„Von Südamerika", antwortet Tonio, ohne sich umzudrehen.

„Von so weit her? Dann muss es ja über das Meer und vielleicht auch über Afrika geflogen sein."

„Ja, aber das ist gar nicht so weit. Es fliegt einfach so hoch, dass unten alles ganz klein aussieht."

„Genau! So könnte es dem Piloten gelungen sein, so weit zu fliegen."

„*Ich* bin geflogen. Ganz allein! Ich habe über zwei Stunden gebraucht!" Der junge Aeromobilkonstrukteur und Pilot dreht sich zur Stimme um und blickt in das strahlende Gesicht einer Frau, die er noch nie gesehen hat.

„Weißt du vielleicht, wo ich euren Gärtner Jérôme finden kann?"

„Er ist hinter dem Haus und bessert mit Clément die Kieswege aus." Tonio deutet mit der Hand in die Richtung, in der er seinen alten Freund vermutet.

Die so freundliche, ganz in Weiß gekleidete Frau schenkt dem Kind noch ein helles Lächeln, das bemerkenswerterweise seinen Ursprung vor allem in ihren Augen hat und macht sich über die Wiese auf den Weg zu den beiden Gartenarbeitern. Tonio blickt ihr nach und rätselt, weshalb sie ihn nach ihrem Gärtner Jérôme gefragt hat. Üblicherweise wollen Fremde nämlich seinen Großvater oder seine Mutter besuchen, kennen keine Aeromobile und sind nicht, mit einer leuchtend rosa Salet in der Hand, barfuß unterwegs ...

Am frühen Abend kommt nur für ganz kurz Wind auf. Von Westen her ziehen dunkle Wolken über das Land und drängen sich zusammen. Schnell ist der Himmel von einer dichten Wolkenschicht bedeckt. Dann nimmt der Wind ab, bald bewegt sich die Luft kaum noch und leichter warmer Regen geht auf Schloss und Park nieder.

Noch hört man kein Wasser in den Dachrinnen, die Blätter der Bäume aber beginnen im immer schwächer werdenden Licht des Abends zu glänzen. Tonio liegt bereits in seinem Bett und blickt zum halb geöffneten Fenster hinaus. Sein kleiner Bruder schläft bereits fest. Sehnlichst erwartet er seine Mutter, die ihren beiden Söhnen dann meist einige Seiten aus einem großen Märchenbuch vorliest und anschließend ein Abendgebet spricht. Oft bittet Tonio seine Mutter, sie möge ihm nochmals das Märchen vom vorhergehenden Abend vorlesen. Heute jedoch tritt seine Schwester Biche in sein Zimmer. „Maman klopft immer an, bevor sie eintritt", stellt der Bruder schon etwas schläfrig fest. Als er aber bemerkt, dass seine Schwester das große Buch unter dem Arm trägt, ist er wieder hellwach. „Heute soll ich dir vorlesen, Maman bespricht noch etwas mit Ariadne und schickt dir einen Gutenachtkuss." „Noch einmal den Schornsteinfeger bitte!", fällt Tonio seiner Schwester ins Wort. Er dreht sich auf seine linke Seite, zieht seine Beine an und sich die Decke bis ans Kinn. Biche setzt sich zu seinen Füßen aufs Bett, blättert zu der gewünschten Geschichte und beginnt vorzulesen. Sehr bald jedoch schläft der Bruder ein und seine ältere Schwester schleicht sich erfolgreich über den knarrenden Holzboden aus dem Zimmer. Als Biche ihr Zimmer, das sie mit ihrer Schwester Monot teilt, erreicht hat und kurz darauf auch in ihrem Bett liegt, ist der Regen in den Dachrinnen als wohltuendes Plätschern zu hören.

„Ich hab' ihn im Freien in seinem Korbsessel g'funden. Dort, wo er immer sitzt. Hab' ihn ang'sprochen. Jérôme, Jérôme, hab' ich g'rufen, wach auf, Jérôme! Und wie meine Hoffnung immer weniger worden is', hab' ich ihn immer fester gebeutelt … Seine Pfeife, die er immer im Mund g'habt hat, is' ihm auf seine Schürze g'fallen. Der Tabak hat ein kleines Loch reinbrannt. Er hat so friedlich ausg'schaut. Keinen Schmerz hab' ich ihm ang'sehn … Madame, ich glaub', er ist ganz schnell tot g'wesen … Die Pfeife ist ihm aus dem Mund g'fallen. Und dann is' er gleich …", sie schluchzt stärker, „… nicht mehr am Leben g'wesen. Ach Madame, fast fünfzig Jahre is er hier g'wesen … Gott sei ihm gnädig …"

„Ich weiß, Ariadne, und er hat es mir auch oft gesagt, er ist diese lange Zeit bei uns sehr glücklich gewesen. Und er hat es uns auch spüren lassen." Die Köchin ergreift die Hand von Marie de Saint-Exupéry, senkt unter Tränen ihren Kopf und geht dann die Treppe zur Küche hinunter.

Marie bleibt allein im Salon zurück, tritt ans geöffnete Fenster und blickt in den Regen, der auf die ausgetrockneten Wiesen und Bäume niedergeht. Sie denkt an ihre Kindheit, die sie hier auf La Môle mit ihrem Bruder ebenso unbeschwert verbringen hat dürfen wie, so hofft sie zumindest, ihre fünf Kinder jetzt. Und sie denkt vor allem an ihren Vater, der kaum älter als Jérôme ist, jedoch immer kränklicher wird. Seit zwei Jahren, als ihr Mann Jean am Bahnhof unerwartet einen tödlichen Gehirnschlag erlitten hat, ist er ihr eine große und sehr verständnisvolle Stütze im Leben mit ihren fünf Kleinen. Marie ist hier auf dem Familiensitz glücklich. Sie hat ihre Kinder, ihr Vater seine Enkel um sich und beide sind sie hier auf La Môle zu Hause. Ihn und die Kinder will sie erst am Morgen vom Tod Jérômes wissen lassen.

Seine Mutter steht hinter ihm, die Hände auf seinen Schultern, als er eine tiefrote Bourgouin, um die er liebevoll Lavendel gebunden hat, ins Grab fallen lässt. In seiner linken Hand hält er die Pfeife, die ihm Jérôme vermacht hat. Auf der Heimfahrt vom Friedhof erzählt Marie ihren Kindern, dass Jérôme ein Einzelkind gewesen sei und seit langer Zeit weder Verwandte noch Freunde gehabt habe. Dass ihr guter alter Gärtner in seinen jungen Jahren eine große Liebe hat erleben dürfen und dass daraus ein Kind hervorgegangen ist, bei dessen Geburt die noch sehr junge Mutter verstorben ist, lässt Marie ihren Kindern gegenüber unerwähnt. Sie haben in den letzten Tagen, denkt sie, schon genügend Schmerz erfahren müssen. „Euer Großvater hat dafür gesorgt, dass unser Jérôme hier im Ort ein Grab bekommen hat."

„Aber vor ein paar Tagen hat ihn doch eine Frau besucht! Sie ist bei uns gewesen und hat mich nach ihm gefragt. Sie ist sehr nett gewesen … und mein Aeromobil hat ihr gefallen … und sie hat keine Schuhe angehabt und eine Rose in der Hand." Alle um Tonio blicken ein wenig verwundert, denn niemand außer ihm hat mit dieser Frau gesprochen oder ist ihr begegnet. „Ich glaube, du denkst dir wieder etwas aus, Sonnenkönig, aber erzähl' nur weiter, wir hören so gern deine Geschichten!", flüstert seine Schwester Monot ihm ins Ohr. Diesmal verspürt Tonio jedoch, sehr zu seiner eigenen Verwunderung, keinerlei Antrieb, auf dem Wahrheitsgehalt seiner Worte zu bestehen. Seiner Mutter, die nachdenklich aus dem Fenster der Kutsche blickt, kommt, erstmals nach vielen Jahren, Jérômes Tochter in den Sinn, der sie vor langer Zeit auf La Môle ein einziges Mal begegnet ist. Sie versucht sich an ihren Namen zu erinnern. Ich werde Vater fragen, der weiß ihn gewiss noch, denkt sie.

Am Abend, kurz vor Sonnenuntergang, nimmt Tonio das Aeromobil von seinem Nachttisch, steckt die Pfeife in seine Hosentasche und läuft die Treppe hinunter und durch die Küche ins Freie. Er stellt sein blaues Aeromobil unter den großen Lavendelstrauch und die Pfeife legt er auf den kleinen Tisch neben dem Korbsessel, in dem Jérôme so oft gesessen ist und genüsslich geraucht hat. Selbst er ist sich jetzt nicht mehr ganz sicher, ob er diese Frau tatsächlich gesehen hat oder nur, mit seinem Aeromobil in der Wiese liegend, von ihr geträumt hat.

Das Luftpostzimmer im Château Saint-Maurice-de-Rémens

In Strümpfen schleicht Tonio den langen und dunklen Flur entlang. Es ist früh am Morgen, alle Bewohner bis auf seine Schwester Biche schlafen noch. Sie steht bloßfüßig auf einem Polstersessel und klebt mühevoll gelbe Papierbuchstaben an die Türe, die zur Bibliothek führt. *AEROPOST* ist bereits zu lesen. Die Befestigung der letzten Buchstaben schiebt seine Schwester auf, um ihren jüngeren Bruder, der noch ganz verschlafen scheint, ins Zimmer zu lassen. Ganz leise öffnet er die hohe Doppeltür. Er steht in der Bibliothek seiner Urgroßtante, ihm erscheint dieser Raum jedoch als sein *Luftpostzimmer.* Die stark verwitterten lindgrünen Fensterbalken sind halb geöffnet. Die Sonne ist im Aufgehen, ihr erstes Licht fällt auf den Sternparkettboden aus Eichenholz und den großen roten Teppich. Bis auf die drei Flugzeuge, die im Morgenlicht glänzen, ist alles von einer dicken Staub- und Sandschicht bedeckt. Auch die beiden Piloten, die im Zimmer sitzen, sich unterhalten und auf ihren Einsatz warten. Asche von ihren Zigaretten fällt auf den sandigen Teppich. Er steht ganz still. Feine Staubteilchen glitzern im schräg einfallenden morgendlichen Sonnenlicht.

In einem kleinen Mädchen, das in der östlichen Ecke des Luftpostzimmers sitzt und geduldig die losen Blätter eines Manuskripts in der richtigen Reihenfolge vor sich auf dem Teppich auslegt, erkennt er Silvia Reinhardt. Sie betrachtet die Skizzen von unserem fantasievoll gezeichneten Heimatplaneten, dem Mond und unzähligen Sternchen. Auch ein kleiner Junge mit einem blonden Wuschelkopf taucht immer wieder am Rand der dicht beschriebenen Seiten auf. Manchmal trägt er einen langen Schal. An ihren Wurzeln zusammengewachsene Bäume, aufeinander stehende Elefanten und auch einen kleinen freundlichen Fuchs entdeckt sie neben und zwischen den Zeilen. Als alle Blätter wohlgeordnet vor ihr liegen und vom Sand und Staub befreit sind, sammelt sie diese ein und legt sie ganz behutsam in eine abgegriffene braune Ledertasche. Dann hebt sie ihren Blick, sieht Tonio lange in die Augen, lächelt traurig, steht schnell auf und läuft, die große Tasche fest unter ihren Arm geklemmt, zur halb geöffneten

Tür hinaus. Noch immer verharrt er völlig ruhig in der Mitte der Bibliothek, als ob er als Zuschauer mitten auf der Bühne stünde.

Die alte englische Standuhr neben der Türe schlägt in kurzen Intervallen viermal hintereinander, danach in einem tieferen Ton und in größerem Abstand sechsmal.

Eine dreimotorige Propellermaschine wird aufgetankt. Zuerst zögerlich, dann aber von drängender Neugier erfasst, nähert er sich dem Geschehen. Treibstoffgeruch liegt in der Luft. Ein Pilot einer zweiten Maschine startet den Motor seiner Breguet und setzt sie ganz langsam und völlig geräuschlos in Bewegung. Die Oberseiten der unteren Tragflächen sind von unzähligen Luftpostkarten, Briefen und Flugblättern bedeckt und an einem Seil, das am Leitwerk der Maschine befestigt ist, zieht das Postflugzeug ein Dutzend fest verschnürter Pakete nach. Der Sitz für den Bordschützen ist mit allerlei Gartenwerkzeug belegt, das Maschinengewehr hat großen blechernen Gießkannen weichen müssen. Als der Pilot, immer noch auf dem Boden, an ihm vorbeizieht, erkennt Tonio ihn. Es ist Henri Guillaumet, der ihm kopfschüttelnd zulächelt, vielleicht

amüsiert über das Kind, das ihm in dünnen weißen Garnstrümpfen zuwinkt. Er setzt sich auf den
Teppich und kaut an einem Keks aus einer großen
Dose, für die er unter dem Tisch ein gutes Versteck
vor den Erwachsenen gefunden hat. Henri ist bereits in der Luft, zieht eine Schleife über ihm und
fliegt in Richtung Westen davon, der aufgehenden
Sonne voraus. Dann verliert er seinen Freund aus
längst vergangenen Tagen aus den Augen, ein ho-
hes Bücherregal verstellt ihm die Sicht. Er nimmt
sich ein zweites Keks, blickt über den Flughafen von
Montaudran, der den südwestlichen Teil des Tep-
pichs einnimmt. Auf seinen Knien nähert sich Tonio dem winzigen Flughafengebäude, das Keks zwischen den Zähnen und in der linken Hand, die ihn
ein wenig schmerzt, zwei Briefe. Einen an Pierre,
einen an Nelly …

In der Wüste seines Lebens

Über den großen Tisch aus Metall, an dem er sitzt und begonnen hat einen Brief zu schreiben, ist ein ockerfarbenes Tuch gebreitet. Ein halbvoller Trinkkrug mit Wasser, dem etwas Zitrone und ein wenig Ingwer beigemischt sind, steht neben ihm. Ein mit Kompass und Fernglas beschwerter Stapel französischsprachiger Zeitungen türmt sich zu seiner Linken. Seine Zeilen richten sich an seinen Schwager Pierre d'Agay, den Mann seiner Schwester Didi, den er in seinen Briefen mit *Lieber alter Bruder* anspricht.

Sein Blick ist aufs Meer gerichtet. Sein Bewusstsein ist traumähnlich eingeschränkt und seine fünf Sinne vermitteln ihm kaum eine Gegenwart. Er ist der Zeit enthoben, keine ihm erinnerliche Vergangenheit hat ihn hierher kommen lassen. Er weiß jedoch, was zu tun ist. Er sucht zwei über der libyschen Wüste verschollene Kameraden. Er wendet sich vom Meer ab und blickt durch ein Fernglas ins Landesinnere.

Bis an den Horizont ist die Umgebung von unzähligen Flugzeugwracks übersät. Immer wieder verschwindet der Wüstenhimmel im aufgewirbelten Sand. In den Flugzeugen sitzen Piloten und rufen um Hilfe. Manche sind bereits herausgeklettert, steigen auf Kamele, deren Höcker die Silhouette der von Schnee und Eis bedeckten Anden annehmen. Die Männer winken ihm überschwänglich zu, jubeln ob ihrer Rettung und entschwinden sehr langsam aus seinem Gesichtsfeld. Das unwirklich tiefblau gefärbte Meerwasser strömt bis an die beschädigten Flugzeuge heran, überspült den Wüstenboden und verwandelt die gesamte Szene nach und nach in eine gänzlich andere. Kinder laufen einen Strand entlang und lassen große bunte Drachen steigen. Die Sonne steht hoch am Himmel, manche Drachen speien Feuer, andere verwandeln sich in riesige grellweiße Luftschiffe, die wie Wolken über die Wüste und das Meer ziehen. Der Pilot eines Wasserflugzeuges versucht in der Nähe des Strandes auf dem schäumenden Wasser aufzusetzen. Dieses bietet jedoch keine geeignete Oberfläche, das einmotorige Flugzeug taucht im flachen Winkel ins Meer ein und landet schließlich mit noch immer rotierendem Propeller auf dem sandigen Meeresboden, der von unzähligen

Zeichnungen, Buntstiften und schwarz-weiß karierten Schachfiguren übersät ist. Die Szenerie wechselt abermals.

Er weiß seinen treuen Mechaniker und Navigator André Prévot an seiner Seite, etwas weiter abseits erkennt er seinen Freund Jean Prévost und eine ihm unbekannte junge Frau dicht neben ihm. Sie trägt Kopfhörer und hantiert konzentriert an einem mit Muscheln und nassem Seetang bewachsenen Funkgerät. Jean sitzt an einem grabsteinähnlichen Gebilde, aus dem ein hölzerner Flugzeugpropeller ragt. Ringsum stehen alte Platanen, die lange Schatten auf den erdigen Boden werfen. Der Lärm von Flugzeugmotoren ist aus der Ferne zu vernehmen. Auf dem breiten Rand eines Steinbrunnens sitzend, schreibt er an einem Brief. Als ihm nach einiger Zeit Tinte und Papier ausgehen, erhebt er sich, geht einige Schritte auf die schattenspendenden hohen Bäume zu, kniet sich nieder und beginnt mit seinem Zeigefinger die Worte an seine Frau Consuelo in die kühle und sandige Erde zu zeichnen. Erst als die Schatten ihre kleinste Ausdehnung erreicht haben und er den Bereich zwischen den Bäumen und dem Brunnen in deren

Mitte mit seinen Schriftzeichen vollends beschrieben hat, hält er inne und blickt auf. Es ist jedoch niemand mehr zu sehen, und sein Gefühl, André neben sich zu haben, hat sich verflüchtigt.

Plötzlich tritt Wasser aus der Tiefe des Brunnens über seinen Rand, nimmt die Gestalt einer von starkem Wind durchpeitschten Meeresgischt an und ergießt sich auf den von ihm beschrifteten Boden. Das tintenblaue Meereswasser überflutet den gesamten Erdboden und füllt jedes seiner eingeritzten Worte. Danach zieht es sich in den Brunnen zurück, aus dem es losbrach. Allein seine in den Boden eingekerbten Worte, die zu einer Nachricht aus unzähligen meeresblauen Wasserzeichen geworden sind, bleiben bestehen. Wiederum hört er ein lautes Dröhnen eines offenbar sehr tief fliegenden Flugzeuges. Bald jedoch verliert sich der Motorenlärm, der ihm bemerkenswert vertraut erscheint, in langanhaltenden Klängen von Kirchenglocken, die die Mittagsstunde verkünden.

Mittlerweile ist die Sonne dem Horizont sehr nahe und die vor Minuten noch flammenden Farben des Wüstensandes verblassen, sie nehmen einen graublauen Ton an. Die trockene Hitze des Tages

beginnt in den wolkenlosen Abendhimmel abzu-
strahlen. In den nächsten Stunden wird die Tem-
peratur noch weiter absinken und den unangenehm
heißen Tag für eine taufrische Nacht lang aus seiner Erinnerung drängen. Zügig hat er mehr als
drei Seiten seines Briefpapiers gefüllt. Jetzt hält er
inne und blickt in die von einem Gebirgszug bereits
halb verdeckte riesenhafte Sonnenscheibe. In wenigen Sekunden wird die Sonne untergegangen sein
und sein Blick wird sich dann über das Tagesgestirn
hinweg im abendlichen Himmelsgewölbe verlieren.
Er denkt an die große Standuhr auf Saint-Maurice.
Viele Stunden hat er als Kind in ihrer Nähe verbracht. An regnerischen Sommernachmittagen ist
er oft auf einem großen Kopfkissen gelegen und hat
sich mit Blick auf ihr Ziffernblatt seinen Tagträu-
men hingegeben. Die ihn so faszinierende Bewegung ihres langen und glänzenden Messingpendels,
das am Ende seines Ausschlags eher von einem Ton
als von einem Geräusch begleitet wird, ist ihm über
all die Jahre in unverändert klarer optischer und
akustischer Erinnerung geblieben. Der mysteriöse
Ursprung der Zeit, ihr Verstreichen, das uns oft
völlig teilnahmslos erscheint, aber doch unablässig

Veränderung bringt und das so unterschiedliche Zeitempfinden kommen ihm in den Sinn. Lange blickt er zu den Sternen des anbrechenden Abends auf, deren funkelndes Blinken das immer schwächer werdende Himmelslicht der bereits untergegangenen Sonne zu überstrahlen beginnt. Dann setzt er den Brief an seinen Schwager im Schein einer Petroleumlampe fort.

Auch habe ich hier viel Zeit nachzudenken, und wenn meine Gedanken nicht bei euch sind, fange ich gern an zu philosophieren. Kein Philosoph oder kritischer Freund könnte mich dann zurückhalten. Hier am Rand der Wüste, unter der Sonne und den Sternen, versuche ich in meinen einsamen Stunden dem so geheimnisvollen Wesen der Zeit ein wenig näher zu kommen: Erst die Bewegung erschafft die Zeit. Ohne Bewegung gibt es keine Zeit. Eine Sanduhr möge dir als Metapher hilfreich sein: Wenn der Sand sich vollständig durch die Enge des Glases bewegt hat, kann die Zeit nicht mehr gemessen werden. Für die Sanduhr steht die Zeit dann still. Wenn alle Materie zerfallen ist und ruht, ist auch die Zeit an ihrem Ende angelangt. Na ja, mein lieber alter Bruder Pierre, so stelle ich mir das halt vor. Und der Anfang der Zeit? Am Anfang war

Bewegung und unabwendbar mit ihr kam die Zeit. So einfach könnte das gewesen sein. Und dann treibe ich es in meinem philosophischen Übermut auf die Spitze und schlage eine Brücke zu unserem Herrgott: Der in sich ruhende und deshalb zeitlose Gott entspricht dem noch nicht existierenden Universum. Erst als Er, weshalb auch immer, aus seiner Ruhe geriet und sich daran machte, die Welt zu erschaffen, nahm die Zeit ihren Lauf …

Er dreht an einem kleinen Rad, um der Flamme seiner Lampe, die zu rußen begonnen hat, mehr Luft zuzuführen. Mit Hilfe eines zweiten Rades vermindert er geringfügig die Dochtlänge. Sogleich fällt viel mehr Licht auf sein Briefpapier.

Und auch dem Verständnis unserer alltäglichen Gegenwart will ich mit meinen Gedanken ein wenig näherkommen. Vielleicht ist sie lediglich die für uns einzige bewusst erlebbare, sehr kurze Zeitspanne des Fortschreitens ihrer selbst. Denn nicht einmal der Augenblick kann dem Verrinnen der Zeit etwas anhaben. In einer unentwegt bewegten Welt gibt es kein Innehalten der Zeit, nicht einmal ein denkbar kurzes.

Auch ich frage mich, ob die Gegenwart, wie Einstein meint, nicht überhaupt eine hartnäckige Täuschung ist.

Möglicherweise sind das menschliche Bewusstsein und die Gegenwart ein Zwillingspaar, das sich gegenseitig bedingt. Wir Menschen sind mit diesem, unserem Gegenwartsbewusstsein zeitlebens in den Lauf der Zeit gestellt. Und die sich während unseres gesamten Lebens lückenlos aneinanderreihenden Augenblicke erscheinen uns als Gegenwart und als unser Bewusstsein. Aber bemerkenswerterweise ist genau diese sehr fragwürdige Gegenwart der einzige Hebel, von wem oder wodurch auch immer bewegt, der Veränderungen im Lauf der Zeit bewirken kann. Und bevor das Gegenwartsbewusstsein erst sehr spät mit uns Menschen in die Welt kam, haben sich die Geschehnisse bewusst- und gegenwartslos oder, mit anderen Worten, unbeobachtet im Lauf der Zeit ereignet.

Wenn, was leider oft geschieht, zwischen meinen Flügen die Einsamkeit über mich hereinbricht, ich keine Lust habe zu schreiben oder zu zeichnen, verfange ich mich in meiner mir so trostlos erscheinenden Gegenwart, die sich dann unendlich weit in mir ausbreitet und mir jegliche Möglichkeit einer Flucht verwehrt. Und dann komme ich auf noch viel verrücktere Gedanken. Ja, das bleibt wohl nicht aus, wenn man, so wie ich, ständig der Wüstensonne ausgesetzt ist. Gäbe man allen Wüstensand in eine Sanduhr, durch welche ein nur sandkorndicker Strahl rinnt, wie viele Menschenleben verstrichen bis zum Ende eines einzigen Durchganges?

Über dem Meer

Das Meer liegt noch tief unter ihm.

Einen Augenblick lang blendet ihn das grelle Licht der Sonne.

Jetzt wird mir alles zugleich Gegenwart und Vergangenheit. Die beiden verschmelzen ineinander. Zukunft gibt es nicht mehr. Ihr Fehlen ist mir eine tiefgehende Beruhigung. Eine Erleichterung, die mich schwerelos werden lässt. Als Pilot kenne ich die Schwerelosigkeit, oft war ich ihr ausgesetzt. Jetzt stürze ich ab und nähere mich ihr wohl ein letztes Mal. Die Schwerelosigkeit gibt mir das Gefühl einer unendlichen Gelassenheit. Ich stürze aus meinem Leben. Keine Möglichkeiten sind mir mehr gegeben, Veränderungen herbeizuführen, denn das würde Zukunft erfordern. Meine Illusion, denn nichts anderes als eine Illusion ist meine Vorstellung einer dreigeteilten Zeit, löst sich auf. Vergangenheit, Gegenwart und Zukunft sind für mich keine klaren Begriffe mehr. Die Zukunft ist mir verloren gegangen, die Gegenwart nimmt die Vergangenheit auf, die ihrerseits das Gegenwärtige fast völlig verdrängt. Auch das schafft mir Wohlbefinden. Ohne

Zukunft habe ich kein Ziel und ohne Gegenwart keine Notwendigkeit zu handeln. Eine Leichtigkeit breitet sich in mir aus. Jetzt bin ich der einzige Beobachter meines Lebens. Ich überblicke es staunend in seiner Gesamtheit. Ich kann alles erkennen, die Bäume und den Wald, die Wassertropfen und das Meer, das Sandkorn und die Wüste, mich und die Menschen. Ich sehe alles gleichzeitig und dennoch ist jedes Detail, jedes Ding, das ich erblicke, von allen anderen unverstellt. Mit dem immer kleiner werdenden Rest meines Bewusstseins der Gegenwart nehme ich meine unmittelbare Umgebung als fast belanglosen Hintergrund wahr. Es stellt sich für mich nicht mehr die Frage, ob ich noch versuchen sollte in dieses Abstürzen einzugreifen. Der weitere Verlauf der äußeren Ereignisse ist nicht nur unabänderlich, sondern er verliert auch an Bedeutung für mich. Ich bin mitten im Leben, im Mittelpunkt meines gesamten Lebens, ich nehme daran teil, ich erlebe mich in meiner gesamten Vergangenheit.

Die Instrumente seines Cockpits hat er nicht mehr vor sich, sie sind unter ihm. Der Absturz ins bewegte Wasser ist der kärgliche Rest seiner Zukunft. Das Meer ist noch ein gutes Stück entfernt. Er verspürt nur mehr einen leichten Schmerz im linken Arm, seine rechte Hand hat das Steuer losgelassen.

Ich spüre Nelly in meiner Nähe. Ich kann aber nicht erkennen, wo wir uns befinden. Mein enges Cockpit tritt immer mehr in den Hintergrund und verschwindet bald gänzlich ...

Jetzt halte ich Nellys linke Hand. Sie schreibt mir einen Brief, den ich, ihre Hand weiterhin in meiner haltend, lese, während sie das Papier mit ihren Worten füllt. „Wenn ich dir Briefe schreibe, bin ich dir ganz nah. Wenn ich den Brief zur Post bringe, denke ich an dich. Während er zur dir unterwegs ist, durchlebe ich deine Zeit der Erwartung." Wer sagt oder denkt das? Ich weiß es nicht. Ich halte bloß ihre Hand in meiner. Dann entfernt sich Nelly von mir. Ich habe ihren Brief vor meinen Augen, kann ihre Worte darin aber schon nicht mehr entziffern und stecke ihn in die Brusttasche meiner Fliegerjacke.

In den Bergen der Résistance

In diesen letzten Julitagen des Jahres 1944 waren nicht nur die Mitglieder der Résistance, sondern auch die Bauern und Handwerker mit ihren Familien, Knechten, Mägden und Gehilfen dem Vergeltungs- und Rachefeldzug der deutschen uniformtragenden Schlächter hilflos ausgeliefert. Militärische Unterstützung von den Alliierten und dem großen französischen General blieb aus. Die um Hilfe ringende Nachricht der Widerstandskämpfer von der Landung deutscher Lastensegler und hunderter Gebirgs- und Fallschirmjäger nahe Vassieux-en-Vercors in den Morgenstunden des 21. Juli erreichte die Adressaten um Tage verzögert. Die ausbleibende Hilfe war dem gegenseitigen Misstrauen der Gegner des Dritten Reiches und vorrangigen Unternehmungen der Alliierten geschuldet. Schon über längere Zeit war die versprochene Luftunterstützung ausgeblieben. Bisweilen wurde sie jedoch in Algier und London halbherzig in Erwägung gezogen …

Das wahre Glück ist erhaben über seine Dauer

pour **Martina Häckel-Bucher***,*
que je respecte beaucoup …

Das, was dem Leben Sinn verleiht,
gibt auch dem Tod Sinn.
Antoine de Saint-Exupéry

Vielleicht, Antoine, haben wir Menschen tatsächlich die Freiheit das zu tun, was wir tun wollen, das auszuführen, was wir beabsichtigen. Aber allein diese Freiheit zu handeln, macht uns noch nicht zu selbstbestimmten Wesen. Ist uns überdies auch die Freiheit gegeben, völlig unbeeinflusst, also aus eigenen Stücken, entscheiden zu können, was wir wirklich wollen?[1]

Liebe Nelly!
Auch ich suche, wenn ich nicht weiß, was ich wirklich will, wonach ich mich tatsächlich sehne oder wofür ich mich entscheiden soll, nach einer erlösenden Antwort auf diese Frage[2], antwortete er Nelly.

An diesem späten Sonntagnachmittag verlor die Sonne über Bastia nur unmerklich an Kraft. In der Innenstadt ließen sich nur wenige Leute blicken. Hunde und Katzen, die zu dieser Zeit eindeutig in der Überzahl waren, dösten in Hauseingängen und an schattigen Straßenecken. Am Hafen war etwas

---

1 *Hélène de Vogüé an Antoine de Saint-Exupéry*, ohne Ortsangabe, undatiert (Juni 1940?).
2 Antoine de Saint-Exupéry an Hélène de Vogüé, Bordeaux, Juni 1940.

mehr Leben. Die drei oder vier Cafés waren gut besucht, vorwiegend von uniformierten Fliegern der Alliierten und ihrer oft zahlreichen weiblichen Begleitungen, die sie in den Tagen ihrer Stationierung auf der Insel kennengelernt hatten. Auch einige alte Korsen saßen im Freien, spielten Karten oder gaben sich schweigend dem Schachspiel hin. Manche unterhielten sich mit Französisch sprechenden Soldaten, vielleicht um zu erfahren, wann endlich die entscheidende Hilfe von ihnen zu erwarten wäre. Andere Einheimische mieden den Kontakt mit den Piloten und diskutierten lieber mit den Besitzern der Cafés über die ungewisse Zukunft ihrer Heimat. Es war Krieg, auch hier auf der Insel. Die Rückeroberung Korsikas durch die Franzosen unter General Giraud verschaffte den Alliierten einen wichtigen Brückenkopf für die Befreiung Frankreichs. Gekämpft und gestorben wurde allerdings vorwiegend auf dem Festland.

„Ich hab' noch ein Rendezvous", teilte er mit spitzbübischem Lächeln seinen gut gelaunten Kameraden mit. „Wir sehen uns am Abend im Sablettes …" Er dämpfte seine Zigarette aus, blickte über die Fischerboote, die ruhig im Wasser lagen, auf das sonnenbeschienene Meer hinaus, erhob sich schwerfällig von seinem Sessel und verließ das Café in Richtung Innenstadt.

Zu später Stunde, als seine Kameraden noch durch die Bars von Bastia zogen, fand ein Treffen statt. General Eaker, der Kommandant der alliierten Luftstreitkräfte, hatte seinen Verbindungsoffizier Colonel Rockwell zu der Besprechung entsandt. Colonel Hyde, ein Offizier des Nachrichtendienstes, war ebenfalls anwesend. Beide machten ihm gegenüber ganz bewusst nur Andeutungen hinsichtlich der offenbar kurz bevorstehenden Invasion Südfrankreichs. Vor allem wollten sie ihm damit die Wichtigkeit ihres Auftrags an ihn vor Augen halten. Sein stets exzellentes Mapping, wie die fotografische Flugaufklärungsarbeit genannt wurde, wäre nach Ansicht des Generalstabes auch weiterhin unerlässlich, ließen die beiden Offiziere immer wieder durchblicken.

Es war bereits weit nach Mitternacht, als er auf die unbeleuchtete Straße trat. Die ungewöhnlich lange Unterredung hatte ihn sehr ermüdet. Da er so spät nicht mehr in seine Unterkunft zurückkehren wollte, hatte er beschlossen, die wenigen Stunden bis zu seinem Flug am Morgen in einem dem Besprechungsraum angeschlossenen kleinen Zimmer zu verbringen. In der Früh würde ihn dann ein Fahrer zuerst nach Erbalunga in die Unterkunft und anschließend auf das Flugfeld bei Borgo südlich von Bastia bringen.

In fast völliger Dunkelheit vertrat er sich noch ein wenig die Beine und dachte an seinen Freund in den Bergen, bevor er wieder über die steile Treppe in die Räumlichkeiten im dritten Stock zurückkehrte. Nur noch eine ältere Frau, die saubermachte, war anwesend. Sie grüßte ihn freundlich und wünschte ihm eine gute Nacht. Trotz der weit vorgerückten Stunde setzte er sich an den großen Kartentisch, entnahm seiner Tasche einige Bögen Briefpapier, zwei Kuverts und eine Füllfeder. Die militärischen Übersichtskarten von Frankreich mit ihren zahlreichen handschriftlichen Anmerkungen waren sorgfältig eingerollt und in einem Panzerschrank aufbewahrt worden. Lediglich ein Englisch-Französisches Wörterbuch, einige Bleistifte, ein Lineal und ein gesäuberter Aschenbecher standen vor ihm auf dem großen, hellerleuchteten Tisch.

Übermüdet und nachdenklich fuhr er sich mit beiden Händen langsam über Stirn und Augen, saß dann eine Weile in Gedanken versunken regungslos am Tisch und blickte zum geöffneten Fenster hinaus in die schwarze Sommernacht.

Liebe und so vertraute Nelly!

Und immer wieder dir, liebste Nelly, muss ich mein Herz ausschütten. Ja, du stehst mir so nahe und bist mir immer so nahe. Nur sehr wenig musste ich Dich je von mir wissen lassen, denn stets ahntest du es bereits. Du hast Verständnis für meine Unentschiedenheit in vielen Dingen und schätzt meine Entschiedenheit in anderen Belangen meines Lebens. In der Entschlossenheit zu leben sind wir eins, in der Entschlossenheit im Leben bist du mir stets weit voraus. Aber heute, zu so später Stunde, habe ich mich endgültig entschieden, ich bin entschlossen: Es ist nicht mein Wesen, und du weißt dies nur zu gut, gegen etwas zu sein. Glücklicher, freier und auch sicherer habe ich mich immer gefühlt, wenn ich für etwas eingetreten bin. Heute in wenigen Stunden, wenn ich ins Flugzeug klettern werde, wird es so weit sein. Ich werde eingegangenen Verpflichtungen und meinem militärischen Auftrag erstmals nicht nachkommen. Ich werde ihm sogar entgegen handeln. Ich

will versuchen höhere, würdigere, weil menschlichere Ver-
pflichtungen, die vielmehr meinem Wesen entsprechen, zu
erfüllen. Und ich mache mir keine Illusionen! Sollte mein
Vorhaben erfolgreich sein, wird meine Aktion in einigen,
leider sehr mächtigen politischen Kreisen unseres Landes
auf Ablehnung und Empörung stoßen. Meine unehren-
hafte Entlassung aus dem Militärdienst würde die mil-
deste Folge sein. (…) Du aber wirst mich verstehen, dessen
bin ich mir gewiss! (…)

In letzter Zeit frage ich mich immer öfter, ob ich mich
nicht für einen anderen Lebensweg hätte entscheiden sol-
len. Und ob ich überhaupt eine Wahl gehabt habe. (…)
Unser alter Gärtner auf La Môle, sein Name will mir
jetzt nicht einfallen, er ist verstorben, als ich noch ein
Kind war, hätte möglicherweise in mir seinen wahren
Schüler gefunden. Aber vielleicht hat es damals schon mit
mir und meinem damals noch sehr zukünftigen Leben
seinen Anfang genommen. Ich begann meine Augen und
meine Gedanken auf den Himmel und die Sterne über
dem Schloss meines Großvaters zu richten. Sah mich in
einem Flugzeug auf die Erde hinunterblicken. Der Gar-
ten bedeutet dem Gärtner alles. Wem nur, Nelly, bedeu-
ten wir Menschen alles? Und so ist mir von der Gärtne-
rei nur die Sehnsucht nach der Rose geblieben …

Im Fall meiner ausbleibenden Rückkehr dir mein Geschriebenes zukommen lassen zu dürfen, ist mir eine so große Erleichterung. (...)

Mit innigem Dank umarme ich Dich
Antoine

p.s.: Jérôme hieß unser Gärtner! Und jetzt schreib' ich noch ein paar Zeilen an Pierre D.[3]

In den letzten Jahren war ihm Pierre Dalloz zum Freund geworden. Immer offener beklagte er ihm gegenüber das Schicksal, das seiner Ansicht nach auf die Welt, auf die Menschheit zukommen würde. Sie waren nicht nur derselbe Jahrgang eines zu Ende gehenden Jahrhunderts, sie hatten auch sehr ähnliche Ansichten. Beide waren auch Einzelgänger, die das einsame Ausgesetztsein immer wieder suchten. Sie fanden es zwischen Himmel und Erde. Der Eine in den Bergen, der Andere in der Fliegerei. Und beide waren sie stets auch Suchende nach wahrer Kameradschaft.

---

3 *Antoine de Saint-Exupéry an Hélène de Vogüé*, Bastia, undatiert, jedoch mit der Bemerkung: *vor dem Flug in die Berge* (vermutlich knapp vor dem letzten Flug am 31. Juli 1944).

Kurz nach 6.oo Uhr erklang schrill die Türglocke. Er war schon bereit, nahm seine Aktentasche und öffnete die Tür. Von einem ihm unbekannten jungen Unteroffizier wurde er militärisch gegrüßt. Er folgte ihm zu einem zivilen Fahrzeug, das etwa hundert Meter stadteinwärts auf der gegenüberliegenden Straßenseite abgestellt worden war.

Gleich der Landschaft und dem Meer empfing der kaum bewölkte Himmel des frühen Tages das Licht des Morgens. Erst mit dem weiteren Aufstieg der Sonne wurde der Himmel selbst zum Ausgangspunkt des Lichts. Auf der kurzen Fahrt nach Erbalunga sah er teilnahmslos zum Wagenfenster hinaus. Sein Blick ließ die vorüberziehende Landschaft unbeachtet. Er war sich seiner Sache sicher, er fühlte sich geradezu glücklich. Er war bereit alles zu geben, als Pilot, als Freund und als Mensch.

Alles ist Gegenwart, Augenblick. (...) Aus der Vergangenheit könnten wir lernen, auf eine bessere Zukunft dürfen wir hoffen ... Aber die Möglichkeit zur Tat ist ein Geschenk der Gegenwart (...),[4] diese Zeilen hatte er vor einigen Jahren Nelly geschrieben, adressiert

---

4   *Antoine de Saint-Exupéry an Hélène de Vogüé,* Algier, Juni 1940.

aber, das wusste er sehr wohl, waren diese Worte an ihn selbst.

Der Wagen hielt vor dem Tor der Villa, der Fahrer umrundete eilig das Fahrzeug, öffnete die Wagentüre, salutierte und wünschte ihm klare Sicht auf seinem Flug. Auf den kniehoch geschnittenen Buchsbäumen, die den Weg zum Hauseingang säumten, lag Straßenstaub. Viele waren gänzlich verdorrt und nur mehr ein graubraunes Gerippe. In seinem Zimmer angekommen, lehnte er die beiden Briefe an Nelly und Pierre Dalloz, die er in den ersten Morgenstunden verfasst hatte, an die Tischlampe, die auf seinem Schreibtisch stand. Er schenkte sich aus einer Karaffe Wasser in ein Glas, trank es in einem Zug leer und ging hinunter ins Erdgeschoss, um zu frühstücken.

Auf der unter seinem Gewicht laut knarrenden Holztreppe kam ihm plötzlich sein Fliegerfreund Henri Guillaumet in den Sinn. Dieser war vier Jahre zuvor über dem Mittelmeer abgeschossen worden. Eine enge Freundschaft hatte die beiden Flieger verbunden. Der Tod seines Freundes hatte ihn lange Zeit schwer erschüttert. Er dachte an dessen Absturz in den Anden und dessen tagelange Kämpfe mit sich und der menschenfeindlichen und nahezu grenzenlosen Gebirgswelt. Als er damals mit zwei anderen zur Suche seines Kameraden aufgebrochen war, hatte Guillaumet bereits seit über zwei Tagen und Nächten als vermisst gegolten. Dennoch waren sie tagelang die vermutete Flugroute in den Anden abgeflogen. Ein Einstellen der Suche war für ihn nicht in Frage gekommen; auch nicht nach mehreren eiskalten und stürmischen Nächten. Wer aufgibt, unterschätzt sich selbst. Sein Credo stimmte ihn zuversichtlich, als er die letzten Stufen nahm.

Beim Betreten des vom morgendlichen Sonnenlicht überfluteten Frühstücksraumes fiel ihm auf, dass bei einigen der Anwesenden Verwunderung über sein offenbar nicht mehr erwartetes Erscheinen aufkam. Er hielt auf den Tisch zu, an dem der stellvertretende Einsatzoffizier Duriez und der Pilot Pierre Siegler in ein Gespräch vertieft ihr Frühstück einnahmen. Siegler hatte sich in den letzten Stunden auf den Flug seines berühmten Flugkameraden vorbereitet, um gegebenenfalls für ihn einspringen zu können. Dies war aber jetzt nicht mehr notwendig und auch nicht erwünscht. Saint-Exupéry legte die Hand auf die Schulter des vor ihm sitzenden

Kameraden Siegler und blickte einsatzbereit auf Duriez. „Guten Morgen, melde mich zum Einsatz. Vorher brauch' ich aber noch ein Frühstück!" In seiner Stimme lag weder Euphorie noch Nervosität. Sein Erscheinen am Tisch ließ keinen Zweifel aufkommen. Er würde wie vereinbart fliegen. Kurze Zeit später saß er bereits neben Duriez im Jeep, der sie auf das Flugfeld nahe Borgo bringen sollte.

Um 8.44 Uhr hob er in seiner graugrünen Lockheed Lightning P-38 F-5B ab. Die aus aneinandergereihten, gelochten Stahlplatten bestehende Startpiste war an diesem strahlenden Montagmorgen völlig trocken, der Start verlief problemlos. Er flog in Richtung Westnordwest und hielt geradewegs auf das Land seiner Kindheit zu. Die beiden Allison-Motoren liefen vollkommen gleichmäßig, die Sonne stand schon weit über dem morgendlichen Horizont und das Meer, das sich immer weiter unter ihm auszubreiten begann, war an diesem Morgen ungewöhnlich ruhig. Er befand sich im Steigflug, versuchte von seinen ständig gleichen und hartnäckig kreisenden Gedanken loszukommen, ließ sich in die höheren Schichten der Atmosphäre hinaufziehen und gab sich dem mit Motorenlärm erfüllten

Alleinsein hin. Er achtete jedoch mit wachsamen Augen und seiner angeborenen Intuition auf eventuell plötzlich auftauchende feindliche Flieger. Diese waren oft nicht leicht rechtzeitig auszumachen. Auch löste sich an solchen Tagen der Horizont zwischen Himmel und Meer oft gänzlich auf.

Antoine, auch heute noch bist du manchmal in deiner grenzenlosen Begeisterung schutzbedürftig![5]

Diese Worte hatte Nelly vor Jahren auf die Rückseite einer seiner Kinderfotografien geschrieben und ihm danach zugesteckt, ohne dass er es bemerkt hatte. Jetzt hatte er dieses Foto, auf dem er mit seinem jüngeren Bruder und seiner Mutter zu sehen war, wieder vor Augen. Er stieg weiter steil dem hochsommerlichen Himmel entgegen, denn er wollte möglichst schnell seine vorgesehene Flughöhe erreichen.

Erst wenige Stunden zuvor hatte er im nahegelegenen Bastia einen klaren Auftrag erhalten. Dass er jedoch nie daran gedacht hatte diesen auszuführen, dass dieser Auftrag ihm als Verrat an allem, wofür

---

5 *Helene de Vogüé an Antoine de Saint-Exupéry,* beschriftete Fotografie, die Antoine mit seinem jüngeren Bruder François und seiner Mutter zeigt, Château La Môle, undatiert.

er bisher eingetreten war, wofür er gelebt hatte, erschien, hatte er gegenüber den hohen Offizieren allerdings in keiner Weise durchblicken lassen. Seit er wieder Einsätze vom Mittelmeer aus flog, hatte er sich, was sein äußeres Verhalten anging, verändert. Er hatte sich nicht dagegen gestellt oder versucht den Auftrag zu diskutieren. Auch hatte er nicht seine zivile Autorität ins Spiel gebracht. Er war in den frühen Morgenstunden nicht laut geworden und er hatte keine Emotionen erkennen lassen. Ganz ruhig war er geblieben und hatte den Auftrag überzeugend und unverdächtig entgegengenommen. Aus Sicht der beiden Colonels Rockwell und Hyde war die Unterredung zufriedenstellend verlaufen. Die beiden zweifelten nicht an seinem Einsatzwillen, seine unzähligen, teils sehr waghalsigen Manöver aus seinem über zwanzigjährigen Pilotenleben waren ihnen bekannt. Er jedoch hatte einen eigenen Auftrag zu erfüllen, und dieser hatte nichts mit weiterer Aufklärung des Gebietes um Grenoble zu tun. Lediglich sein operatives Zielgebiet war nahezu dasselbe.

Er blickte in regelmäßigen Abständen auf die Kontrollanzeigen im Cockpit, versuchte seine Beine, die aufgrund eines Defektes in seiner beheizbaren Pilotenkleidung kalt und gefühllos geworden waren, ein wenig in Bewegung zu halten, kreiste mit dem Kopf, um seine Nackenmuskulatur, so hoffte er zumindest, etwas lockern zu können und atmete völlig gleichmäßig in seine Sauerstoffmaske. Immer häufiger machten sich seine zahlreichen und teilweise sehr schweren Verletzungen, die er sich durch die Fliegerei über all die Jahre zugezogen hatte, bemerkbar. Vollkommen beschwerdefrei war er in letzter Zeit so gut wie nie gewesen. Im Flugzeug sitzend, war er jedoch für die schmerzlichen Folgen seiner körperlichen Schäden nicht zugänglich.

Wenn ihm, so wie in diesen Augenblicken, *Der Kleine Prinz*, der ein Jahr zuvor in den Vereinigten Staaten erschienen war, in den Sinn kam, dachte er immer auch an seinen Freund Léon Werth. Ihm als Kind, sozusagen nachträglich, hatte er sein erfolgreichstes Buch gewidmet. Anfang der 30er-Jahre hatten sie einander kennengelernt. Nicht weit von hier, zumindest aus seiner Sicht als Pilot, hatte Werth irgendwo in der Berglandschaft des Jura in seinem abgelegenen eigenen Haus Unterschlupf finden können. Es war ihm gelungen rechtzeitig vor den herannahenden Deutschen aus Paris zu flüchten. Als kritischer, linksorientierter, jüdischer Schriftsteller und Journalist hätte er nicht weiter unbehelligt in Paris leben können. „Weshalb nennt sich die offensichtlich doch zu gewisser Aggression neigende deutsche Militärmacht ausgerechnet *Wehr*macht?", soll sich Werth noch auf Pariser Boden mit seinem typischen trockenen Humor vor Freunden und Gleichgesinnten laut gefragt haben. Allzu gerne hätte er ihn jetzt besucht, gemeinsame Erinnerungen wieder aufleben lassen und sich an der Seite des viel älteren Freundes sehr wohl und verstanden gefühlt.

Viele Menschen, denen wir in unserem Leben begegnen, tragen einen Schleier, der unseren Blick auf sie unterschiedlich stark trüben kann. Nur ganz selten treten uns die Menschen vollkommen klar vor Augen. Und selbst wenn wir meinen, den Schleier vollständig gelüftet zu haben und die Menschen unverstellt zu betrachten, sollten wir bedenken, dass unsere Augen als recht einfache optische Apparate ein gar nicht so wesentlicher Teil von uns sind. Den uns wertvollen Dingen in unserem Leben müssen wir uns mit unserer Seele nähern.[6]

---

6 *Antoine de Saint-Exupéry an Hélène de Vogüé,* Chez Jean Renoir (Los Angeles?), September 1941.

Schon bald nach dem Start von der Insel, die nach deutscher Besetzung wieder in französischer Hand war, konnte er bereits, wenn er die mächtige Nase seiner Lightning etwas hinunter drückte, die Küstenlinie um Cannes unter sich erkennen. Unmittelbar am Meer lag das völlig zerstörte Anwesen seines Schwagers Pierre und seiner Schwester Gabrielle. Das Château d'Agay war von den Deutschen requiriert und bei deren Rückzug gesprengt worden. Aber er hatte auch unvergleichlich glücklichere Erinnerungen an Agay. In der Kirche des Ortes heiratete er im Frühjahr 1931 Consuelo Suncín de Sandoval, in die er sich ein Jahr zuvor, ganz seinem impulsiven Wesen entsprechend, allein mit ihr im Flugzeug über Buenos Aires, augenblicklich verliebt hatte. Auch danach hatten ihn immer wieder familiäre Feste auf dieses Schloss an der französischen Mittelmeerküste geführt. Wenig später überflog er La Môle, den Ort seiner frühen Kindheit. Ebenso wie Saint-Maurice-de-Rémens, zweihundert Kilometer weiter nördlich nahe Lyon, war es bisher vom Krieg verschont geblieben. Etwas mehr als die Hälfte der Flugstrecke hatte er bereits ohne Feindberührung und technische Gebrechen hinter sich bringen können. Das Gebiet und ebenso das exakt vereinbarte Ziel, worauf er zuhielt, waren ihm durch seine vorangegangenen Aufklärungsflüge zwar bestens bekannt, dennoch bestanden einige Unwägbarkeiten.

Er war jedoch immer, wenn er unvermittelt improvisieren musste, ganz in seinem Element. Während der zwei Jahre, in denen er für den Aufbau des Flugpostverkehrs zwischen Europa und Afrika in der afrikanischen Wüste eingesetzt war, hatte er seine Geschicklichkeit in ganz unterschiedlichen Belangen immer wieder bemerkenswert unter Beweis gestellt. Er war ebenso bekannt für den respektvollen, einfühlsamen und diplomatischen Umgang mit gewalttätigen Beduinenstämmen in der Sahara wie für seinen Einfallsreichtum bei defektem Fluggerät. Auf der Suche nach verschollenen Flugkameraden ließ er keine Widrigkeit und schon gar nicht geringe Aussichten auf Erfolg gelten. Wenn er auf sich allein gestellt war, wuchs er über sich hinaus. Dennoch war ihm Zeit seines Lebens eine Gemeinschaft, die ein auf die Bedürfnisse der Menschen ausgerichtetes Ziel hatte, von dem alle gleichermaßen überzeugt waren, sein größtes Anliegen.

Es war ein unvergesslicher Sommer auf Long Island gewesen. Consuelo hatte ein sehr ansehnliches, ausreichend geräumiges, weiß gestrichenes Haus aus Holz mit großer Veranda entdeckt und sogleich gemietet. Es war zur Zeit der Sezessionskriege im Second French Empire Stil errichtet worden. Auch Antoine hatte am Bevin House, wie es nach seinem Eigentümer genannt wurde, großen Gefallen gefunden.

Mein Herz schlägt deinen Takt,
schlägt deinen Takt schon lang,
als ob zu Anbeginn der Welt
ein Herz war und ein Klang.

Diese Verse, die er vor Jahren in einem alten deutschen Gedichtband gefunden und in seinem Gedächtnis behalten hatte, schrieb er auf eine Karte und legte diese auf Consuelos Seite ihres gemeinsamen Bettes. Nach langer Zeit hatten die beiden Eheleute wieder zusammengefunden. Consuelo war zwar bereits das Jahr zuvor nach New York gekommen, bewohnte jedoch im selben Haus wie ihr Mann ein eigenes Apartment.

Reichlicher Kaffeegenuss und Zigarettenkonsum hatten ihn oft bis tief in die morgendliche Nacht an seinem Prinzen schreiben und zeichnen lassen. Eifrig und leidenschaftlich hatte er an seinem Buch gearbeitet. Die meiste Zeit hatte Consuelo in seiner Nähe verbracht. Das war für ihn zunächst etwas ungewohnt gewesen. Schnell aber war er wieder in seiner bekannt sympathischen und unterhaltsamen, oft allerdings auch anstrengenden Art zum schreibenden Mittelpunkt seiner Umgebung geworden. Zwischendurch hatte er auch wieder seine Freude am Schachspiel entdeckt. In dem Schweizer Schriftsteller und Philosophen Denis de Rougemont, der sie wiederholt besuchte, hatte er einen kongenialen und ebenso spielbegeisterten Partner gefunden. Sehr offensichtlich war dieser auch ein Verehrer von Consuelo.

Eines fortgeschrittenen Abends, der Springer des Schweizer Gastes hatte eben dem König Antoines Schach geboten, erwähnte de Rougemont beiläufig Sergej Rachmaninow, welcher hier ganz in der Nähe seine *Symphonischen Tänze* komponiert hatte, jetzt aber in einem ihm zuträglicheren Klima an der kalifornischen Westküste lebte. Antoine konnte sich nur sehr schwer und lediglich vorübergehend aus dem gebotenen Schach seines Gegenspielers manövrieren. Schach durch einen Springer zu bieten, war eigentlich seine allseits gefürchtete Vorliebe. Die unvermutete Erwähnung des bekannten russischen Pianisten weckte in ihm augenblicklich lang zurückliegende Erinnerungen an seine Mutter und minderte ihm darüber hinaus die Konzentration auf seine schwarzen Figuren. Vor vielen Jahren nämlich hatte sie ihm erzählt, dass sie Rachmaninow als Interpreten seines eigenen Werkes in Paris erlebt hätte. Ein Konzert, das, wie sie mit in sich gekehrtem und sehnsüchtigem Gesichtsausdruck bemerkte, ewig in ihr nachklingen würde.

Antoine war auch öfters in das nahe New York gereist, nicht nur um seine Verleger und Freunde aufzusuchen, sondern auch um seine zahlreichen amerikanischen Verehrerinnen *auf dem Laufenden zu halten*, wie er einmal einem Freund gegenüber augenzwinkernd eingestanden hatte. Zwischendurch hatten sie häufig Gäste zu sich ins Haus geladen, hatten lange Abende auf der Veranda in anregender Gesellschaft verbracht und derart die hochsommerlichen Wochen auf der Nordamerika vorgelagerten Insel genussvoll ausgekostet.

Diese Erinnerung an eine so glückliche Zeit mit Consuelo tauchte immer wieder in ihm auf. Der bald darauf einsetzende große Erfolg seines *Kleinen Prinzen* verlieh jenem Sommer '42 im Bevin House eine noch heller strahlende Vergangenheit.

Mit seinem inneren Ohr vernahm er im Hintergrund der beiden klaglos arbeitenden Allison-Triebwerke in der summenden Stimme seiner Mutter das *Adagio sostenuto des Zweiten Klavierkonzertes* von Rachmaninow.

Weit unter ihm floss die Durance in Richtung Süden. An ihrem rechten Ufer lag die vom Krieg bislang noch unversehrt gebliebene, jahrtausendealte Stadt Sisteron. Die Sauerstoffversorgung funktionierte einwandfrei. Zu seinem freudigen Erstaunen verspürte er, dass die Heizdrähte in der Fliegerhose seine Beine wieder etwas wärmten. Das Wetter war auch über Land sehr gut. Er schätzte die besonders klare Sicht, wie sie häufig nach nächtlichen Regenfällen am Morgen auftritt und sich manchmal bis in den Vormittag zu halten vermag. Üblicherweise schaltete er, wenn er Sisteron überflog, die Bordkamera für das Mapping des aufzuklärenden Gebietes ein. Diesmal unterließ er es, stellte jedoch sein Funkgerät auf eine ganz bestimmte Frequenz ein.

Sein Zielgebiet lag noch etwa 20 Minuten entfernt, er drosselte die Geschwindigkeit der Lightning und verließ seine Flughöhe. Bis zu diesem Zeitpunkt hatte er seinem Auftrag gemäß gehandelt. Dieser lautete Bildmaterial des Vercors und von den diesem Gebirgsstock südlich und westlich vorgelagerten Gebieten beizubringen. Dies wäre für das in nächster Zukunft stattfindende Unternehmen von größter Wichtigkeit, hatten ihn die hohen Offiziere vor wenigen Stunden in Bastia wissen lassen. Über dieses „zukünftige Unternehmen" äußerten sich die Leute vom Militär und vom OSS[7] gleichermaßen kryptisch. Dies war jedoch üblich und ihm auch recht. Aufklärungspiloten wurden grundsätzlich nicht in strategische Vorhaben eingeweiht. Dies diente ihrer Sicherheit und der militärischen Geheimhaltung. Denn auch der Feind wusste, dass Aufklärungspiloten lediglich uninformierte Ausführende waren und keine wertvollen Informationen besaßen.

---

7   *Office of Strategic Services, Nachrichtendienst des Kriegsministeriums der USA, Vorläufer der CIA.*

Jetzt versuchte er *seinen* Auftrag zu erfüllen. Dadurch verlor er den Status als Aufklärungsflieger und wurde mit einem Mal, und dessen war er sich bewusst, zu einer leichten Beute für seine Gegner in der Luft und auf dem Boden. Das Risiko seines Rettungsfluges war nicht einmal annähernd abschätzbar. Das wusste er allzu gut aus reichlicher und sehr schmerzhafter Erfahrung. Aber diese in ihrer Häufigkeit und Wertigkeit nicht kalkulierbaren Vor- und Zwischenfälle waren für ihn kein Kriterium. Sie kümmerten ihn nicht. Sie waren zu überwinden oder eben nicht. Die Frage, ob er seinem Freund beistehen sollte, stellte sich für ihn nicht. Es war weder Aussicht auf Heldentum noch fatalistische Tollkühnheit, die ihn antrieb. Beides war ihm fremd. Den Freund aus seiner aussichtslosen und todbringenden Lage zu retten, war in dem Leben, das er zu leben trachtete, eine Selbstverständlichkeit.

Ich weiß, dass du mich kennst, deshalb bist du die Einzige, die so an mich appellieren darf. (…) Und du weißt auch, dass ich ein Egoist bin. Aber nicht meinen Mitmenschen gegenüber, so hoffe ich zumindest, sondern in Hinblick auf meinen Lebensweg! Jetzt lachst du, ich weiß es.

Ausgerechnet ich schreibe dir solche Zeilen, einer der sich seines Lebensweges meist alles andere als gewiss ist.[8]

Er verspürte einen leichten Kopfschmerz. Sein Gesichtsfeld begann sich ganz allmählich, fast unmerklich einzuschränken. Unabhängig von seiner Blickrichtung tauchten kleine glitzernde Punkte auf, die sich langsam und gleichmäßig vor seinen Augen bewegten. Wenn er die Augen schloss, sah er sie immer noch. Er machte sich deshalb keine Sorgen, ja es war ihm geradezu gleichgültig, er war ja nicht mehr jung und auf seine Gesundheit hatte er in den letzten Jahren nie geachtet. Als ihm aber diese Gleichgültigkeit gegenüber seiner veränderten Sehfunktion glücklicherweise doch noch irritierend zu Bewusstsein kam, eigentlich ein völlig untypisches Symptom bei Sauerstoffmangel, und er sich überdies nicht mehr erinnern konnte, weshalb er im Flugzeug saß, hatte er gerade noch Zeit, den sein Leben rettenden Handgriff auszuführen. Er blickte zur Sicherheit nochmals auf den Höhenmesser und hatte bereits erhebliche Schwierigkeiten, seine aktuelle Flughöhe von etwa 2900 Metern abzulesen.

---

8   *Antoine de Saint-Exupéry an Hélène de Vogüé,* Borgo, Juli 1944.

Den Zeiger des Gerätes nahm er nur mehr sehr verschwommen wahr. Dann riss er sich die Sauerstoffmaske vom Gesicht. Bereits kurze Zeit später steuerte er wieder mit klarem Bewusstsein und ebensolchem Blick seine graugrüne Lightning durch die dichten Luftschichten über der Provence.

Erstmals begegneten sie einander Mitte der 20er-Jahre in Paris. Yvonne de Lestrange liebte und verstand es in ihren Räumlichkeiten am Quai Malaquais zeitgenössische Literatur und deren Protagonisten der interessierten Pariser Gesellschaft vorzustellen. Sie gab Matineen und Soireen, die in den Kreisen der Künstler, aber auch des literaturbegeisterten Publikums hoch im Kurs standen. Nicht selten fanden die angeregt verlaufenden Diskussionen in ihrem Etablissement an der Seine vor Anbruch der Morgenstunden kein Ende. Seine Familie stammte aus der Normandie, er war gebildet und, was in den intellektuellen literarischen Kreisen der damaligen Zeit oft belächelt wurde, sportlich. Als junger und sehr talentierter Autor und Redakteur der erst kürzlich gegründeten Literaturzeitschrift *Le Navire d'Argent* konnte sich Jean Prévost zunehmender Bekanntheit und

Wertschätzung erfreuen. Es entstand nahezu augenblicklich auf beiden Seiten eine tiefe Sympathie. Jean, und daran erinnerte er sich immer wieder, hatte ihn vor bald 20 Jahren in die literarische Welt gesetzt. Sehr kundig hatte sich Jean seiner Texte angenommen und sie in ansprechender Zusammenstellung in seiner Zeitschrift veröffentlicht. Seit jener Zeit in Paris hatten sie über all die Jahre Kontakt gehalten. Damals hatte diese Zweisamkeit ihren Anfang genommen, näher und ferner im Wechsel, aber beiden immer gegenwärtig. Und jetzt war er auf dem Weg zu seinem Freund, zu seinem Entdecker. Bald nach der Kapitulation Frankreichs war Jean in den Widerstand gegangen und stand seit einiger Zeit auch im Dienst des amerikanischen Nachrichtendienstes.

Jean Prévost gelang es über persönliche Kanäle, die wie bei allen derartigen Informationsdiensten auf uneingeschränktem Vertrauen und absoluter Diskretion aufgebaut waren, Kontakt mit seinem alten Freund Antoine auf Korsika aufzunehmen. Dadurch war es ihnen schon seit Wochen möglich geworden, notwendige Informationen hinsichtlich der Rettungsaktion auszutauschen. Dennoch wurden diese Nachrichten von beiden Seiten verschlüsselt. Darüber hinaus sollte selbst der Klartext Nichteingeweihten sinnlos erscheinen. Er gab ihrem Unternehmen den bezugslosen und bestenfalls irreführenden Decknamen *Malecón*, um bei einem Auffliegen jegliche Rückschlüsse auf beteiligte Personen oder die Operation selbst zu verhindern. Ein Restrisiko, das wusste Prévost, blieb immer. Dieses aber wurde mit fortschreitender Zeit immer kleiner.

Liebste Nelly!

Mir sind meine Flugerlebnisse nicht lebensgefährdende Abenteuer, die ich kopflos aufsuche. Für die vielen Menschen, die mich nicht wirklich kennen, mag das so scheinen, das ist aber Unsinn. Die sehen in mir den ewigen Abenteurer, der ich aber nicht bin. (...) Und du magst an meinen kläglich gescheiterten Versuch, den Rekord von Japy[9] zu unterbieten und an manch andere verrückte Aktionen denken. Das sind Fluchtversuche gewesen, wie Léon sie richtig bezeichnet hat. (...) Manchmal geht meine Kindeslust, der Schnellste sein zu wollen, mit mir einfach durch. (...) Ich will auch nicht von Aufträgen

---

9 André Japy, 1904-1974, französischer Flugpionier, hielt in den 30er Jahren mehrere Langstreckenrekorde.

oder Befehlen im Krieg sprechen, von welchen zurückzu-
treten mir nicht möglich gewesen ist. (…)

Sooft ich aber nach verschollenen Kameraden Aus-
schau gehalten oder gewusst habe, wo sie notgelandet oder
abgestürzt sind, hat mich keine Abenteuerlust getrieben.
Das alles sind keine waghalsigen Abenteuer für mich
gewesen, sondern schwierige Situationen, die ich auf ir-
gendeine Weise habe lösen müssen. In solchen lebensbedro-
henden Momenten bin ich mir dieser Gefährdung meines
Lebens nicht bewusst. Nein, das ist nicht korrekt, ich bin
mir dessen durchaus bewusst, aber der Zweck ist mir das
wert. Mein eigenes Leben hintanzustellen, hat nicht sel-
ten das Leben anderer gerettet und vielleicht auch man-
ches Mal mein eigenes. Bewahrt man einen kühleren
Kopf, wenn man ausschließlich das Leben eines Verun-
glückten oder Freundes vor Augen hat? (…)

Aber Glück, vielleicht gottgewolltes Glück habe ich
bisher im Übermaß gehabt! Glaub mir, ich bin mir des-
sen bewusst …[10]

Langsam zog von Westen dichtere Bewölkung
auf. Konzentriert steuerte er das vereinbarte und
angeblich eindeutig zu erkennende Ziel an. Er

10 *Antoine de Saint-Exupéry an Hélène de Vogüé,* Alghero,
Mai 1944.

verminderte nochmals die Fluggeschwindigkeit deutlich und sank weiter. Östlich unter sich konnte er zwei abgebrannte Gehöfte erkennen, der etwas tiefer gelegene Hof war bis an sein Fundament niedergebrannt, der auf einem Hochplateau liegende, etwas kleinere, hatte den Dachstuhl eingebüßt. Rauch lag noch über beiden Häusern. Offensichtlich waren die Deutschen schon weit ins Bergland vorgedrungen. Bald sollte die Landepiste in Sicht sein.

Er erinnerte sich an den Flug nach Arras. Vor über vier Jahren hatte er eine Bloch 170 geflogen und war sich sicher gewesen, von diesem Flug, weit im Norden Frankreichs, nicht lebend zurückzukehren. Wie hatte jemand nur einen derartigen Auftrag und Befehl erteilen können, hatte er sich damals verzweifelt gefragt. Im Tiefflug hatte er seine Maschine auftragsgemäß über die deutschen Panzer und Bodentruppen hinweg gesteuert und hatte die von der deutschen Wehrmacht seit 1943 besetzte Stadt Arras überflogen. Einem ununterbrochenen Kugelhagel ausgesetzt, waren sie zu dritt an Bord gewesen. Ständig hatte er sich über sein Kehlkopfmikrofon schreiend zu vergewissern versucht, dass seine Flugkameraden in der Maschine noch am Leben und unverletzt waren.

Nie wieder einem Befehl gehorchen, der in den vermeintlich sicheren Tod führt. Für die lächerliche Aussicht auf ein paar nahezu wertlose Informationen setzt man nicht sein oder das Leben seiner Kameraden aufs Spiel. Wir täuschen uns selbst und tun unseren uns Nahestehenden unsägliches Leid an, indem wir dem absurden Glauben verfallen, dass Gehorsam eine Tugend sei, die das Wohl der anderen über das eigene stellt. Unser Leben ist mehr wert als in blinder Befehlsausübung zu vergehen. Unwissenheit ebnet dem Gehorsam den Weg, und so ist der einzelne wissende Soldat stets in schicksalhafter Bedrängnis, muss täglich um sein Leben kämpfen, und nicht nur vor dem Feind. Krieg ist nichts Abenteuerliches, er ist eine widerwärtige und sehr ansteckende Krankheit des Geistes.

Mittlerweile hatte er eine sehr geringe Flughöhe erreicht, erblickte die Landepiste etwa 2500 Meter vor sich, zog eine enge Schleife, um schließlich von Osten aus zur Landung anzusetzen.

Mit viel Geschick brachte er die Lightning zu Boden. Glücklicherweise war dieser nach dem Regen des Vortages fast völlig aufgetrocknet. Andernfalls wäre eine Landung unmöglich gewesen. Flugzeug-teile, die auf der Piste verteilt waren, hatten Jean und Léa mit viel Mühe entfernen können. Zwei Flugzeugwracks standen am Rand der Piste, eines war gänzlich ausgebrannt. Die beiden konnten sich kaum vorstellen, dass es Antoine gelingen würde seine Maschine hier derart schonend zu landen, um kurze Zeit später mit ihnen an Bord auch wieder starten zu können. Genau das machte nämlich ein derartiges Ausflugsmanöver zu einer so großen flie-gerischen Herausforderung. Erst ganz am Ende der Piste, unmittelbar vor einer steil abfallenden Geröll-halde, gelang es ihm, die Maschine zum Stehen zu bringen. Pierre und Léa liefen auf die Maschine zu. Antoine öffnete die Sitzgurte, nahm seine Flieger-haube ab und wartete. Ohne fremde Hilfe war es ihm nur sehr schwer möglich aus dem Cockpit zu steigen.

Erst nach einiger Zeit gelang es Jean und Léa ihren Rettungspiloten aus dem Cockpit zu bergen. Als dieser wieder festen Boden unter sich hatte, umarmten sie einander lange und wortlos. Jean stellte Antoine Léa vor, sie war Funkerin und kaum über zwanzig. Unverzüglich mussten, um die zwei

Passagiere aufnehmen zu können, die Bordkamera und das Funkgerät ausgebaut werden. Eine knappe halbe Stunde hatte er dafür veranschlagt. Den Ausbau musste er hier durchführen und somit auch das Risiko in Kauf nehmen, während dieser Zeit für den Feind ein schutzloses Ziel abzugeben. Diese Arbeiten hatte er verständlicherweise nicht bereits auf Korsika durchführen können. Niemand ahnte in Borgo, dass der Aufklärungspilot Exupéry im Vercors gelandet war. Da bisher alles zu seiner Zufriedenheit geklappt hatte, war Antoine zwar angespannt, aber dennoch guter Stimmung.

Durch den Ausbau der Geräte war Raum für die beiden Passagiere geschaffen worden, allerdings in einem sehr ungleichen Verhältnis. Während Jean im Vergleich zu seiner Kameradin ausreichend Platz vorfand, sollte für Léa dieser erste und letzte Flug ihres Lebens aufgrund der räumlichen Beengtheit zu einer körperlichen und psychischen Tortur werden. Jetzt galt es, das Fluggerät über Backbord um 180 Grad zu drehen. Das stellte auf diesem Untergrund ein schwieriges Unterfangen dar. Antoine saß im Cockpit, Jean und Léa schoben und zogen mit ihren letzten Kräften und nach vorausgegangener genauer Anweisung am Heck der Maschine. Die Lockheed Lightning, die auch fliegender Bilderrahmen genannt wurde, beschrieb mit ihrem rechten Fahrwerk und mit nur einem laufenden Propeller sehr langsam und behäbig einen Kreisbogen. Plötzlich schossen etwa ein halbes Dutzend französische Jagdflugzeuge in Richtung Westen über sie hinweg. Da ihre Maschine eindeutig an den französischen Kokarden erkennbar war und er wusste, dass Thunderbolts von Korsika aus an diesem Tag kurz vor ihm ebenfalls den Vercors angeflogen hatten, winkte er seinen beiden Helfern vom Cockpit aus beruhigend zu.

Als Antoine als Letzter ins Flugzeug kletterte, Jean und Léa hatten ihren eng bemessenen Platz an Bord bereits eingenommen, musste er ohne ihre Hilfe auskommen. Der Einstieg in die Maschine erwies sich jedoch als wesentlich einfacher als der Ausstieg eine Stunde zuvor. Erstaunlicherweise war die ganze Zeit über weder am Boden noch in der Luft ein Feind in Sicht. Ein Aufeinandertreffen mit den Deutschen hätte zumindest für die beiden Angehörigen der Résistance den sicheren Tod bedeutet. Als das Flugzeug schließlich für den Start exakt positioniert worden war, löste er die Blockierung der Räder und erhöhte die Motordrehzahl der Triebwerke. Er hatte schon zur Landung den größten Teil der Piste benötigt, zum Start aber war eine wesentlich längere Strecke erforderlich. Diese Tatsache hatte er allerdings die beiden vor dem Start nicht wissen lassen. Unter diesen Bedingungen und Umständen hatte er aller Wahrscheinlichkeit nach nur einen einzigen Startversuch. Überraschenderweise jedoch überwand die Lightning noch ein gutes Stück vor dem Ende der Piste die Schwerkraft und hob vom Boden ab. Augenblicklich endeten die ohrenbetäubenden Erschütterungen des Flugzeuges. Erleichtert atmete er aus, verbannte das Fahrwerk mit einer kraftvollen Handbewegung in das Innere der Maschine und strebte eine Flughöhe von etwa 2900 Meter an. Wesentlich höher wollte er nicht steigen, da sie alle keinen Sauerstoff zur Verfügung hatten. Aus Gründen der Gewichtsersparnis und nicht zuletzt der Solidarität mit seinen beiden Passagieren hatte er seine ohnehin defektanfällige Sauerstoffausrüstung gemeinsam mit der kompletten Funkgerätschaft und der Bordkamera in den Bergen zurückgelassen. Eigentlich kam es ihm wie ein Wunder vor, dass er es überhaupt so weit geschafft hatte. Sie waren zu dritt an Bord und in der Luft. Von diesem Zeitpunkt an war ihnen ein gemeinsames Schicksal auferlegt. Und diese Gewissheit war ihm viel weniger Belastung als freudige Beruhigung. Während der Zeit, die er am Boden gewesen war, hatte er von Jean und Léa viel über die Vorgänge während der letzten Wochen im Vercors erfahren. Allerdings war er mit den Vorkehrungen für den Start so beschäftigt gewesen, die beiden hatten ihm ja kaum zur Hand gehen können, dass er nicht alles mitbekommen hatte, was sie ihm, sich gegenseitig oft ins Wort fallend, erzählt hatten. Die Résistance war in Auflösung begriffen und auf der Flucht vor den Deutschen, so viel hatte er jedenfalls den Worten beider entnehmen können.

Jetzt war er mitten im Krieg und nicht in sicherer Höhe als unbeteiligter Aufklärungspilot über dem Kampfgeschehen tätig. Viele seiner Einsätze hatten einer für ihn erkennbaren Sinnhaftigkeit entbehrt. Oft hatte sich das Ausmaß der militärstrategischen Irrelevanz proportional zum Grad der Lebensgefährdung des Piloten verhalten. Manche Aufträge, so hatte er noch gut in Erinnerung, dienten überhaupt keinem Zweck, waren lediglich das oft tödliche Ende einer Befehlskette eines fernab und überblickslos agierenden Offiziers. Jene waren die gefürchtetsten Himmelfahrtskommandos gewesen und hatten viele seiner Kameraden ihr junges Leben gekostet.

Als ob es nicht schon grausam genug wäre und das vorstellbare Maß an Lebens- und Menschenverachtung weit überschritten hätte, in wissender Voraussicht todbringende Befehle an uns auszugeben! Nein! In den wenigen und beschämenden Worten des Nachrufs heißt es dann auch noch, wir Soldaten wären für Frankreich oder irgendeine andere Heimat gefallen … Mir wird speiübel, sooft ich das höre! (…) Im tatsächlichen und selten heroischen Kampf fallen die Menschen nicht für eine Sache oder ein Land. Sie verrecken, weil sie dem todbringenden Siegeswahn einiger Weniger hilflos ausgeliefert sind.[11]

Feindliche Flugzeuge konnte er nicht ausmachen. Die Sicht in Richtung Südosten war gut, der Flug war bisher ruhig verlaufen. Aber nicht einmal

---

11 *Antoine de Saint-Exupéry an Hélène de Vogüé,* Alghero, Mai 1944.

in seiner so reichen, oft weit vorauseilenden und hoffnungsfrohen Fantasie war er bereits am Ziel angelangt.

Er flog über Berge, Felder und Wiesen der Haute Provence. Obwohl seine Flughöhe wesentlich geringer als üblicherweise war, erschien ihm alles unter ihnen ohne Leben, erstarrt, abgestorben und entleert. Diesen Eindruck, wenn er hoch über Land flog, war er gewohnt. Als Pilot kannte er auch das Gefühl des Alleinseins in großer Höhe. Ein Gefühl, dem er sich in friedlichen Zeiten immer wieder hingegeben hatte und das für ihn sehr inspirierend gewesen war.

Manchmal jedoch bewirkt der Anblick der stummen und unbewegten Welt von so weit oben eine zusätzliche Veränderung in mir: Das Alleinsein wird zur Einsamkeit. Und das macht mir manchmal Angst. Dann will ich wieder tiefer hinunter, näher zu den Menschen, zum Leben ...[12], ließ er in einem Brief aus Alghero Nelly wissen.

Im Südosten würde er bald das Meer erblicken. Und dann, noch ein Stück weiter, würde Korsika im Dunst des Mittelmeeres liegen.

---

12 *Antoine de Saint-Exupéry an Hélène de Vogüé,* Alghero, Mai 1944.

So sehr geschätzte und weit entfernte Freundin!

Eine unruhige hektische Zeit ist über uns gekommen, schon lange vor dem Krieg. Die Menschen leben an den Menschen vorbei. Sie leben für andere Dinge. Sie stecken ihr Geld, ihren Geist und ihr Wesen in wertlose Symbole dieser hereinbrechenden neuen Zeit. Grell erleuchtete Hochhäuser wetteifern in der Eroberung des nächtlichen Himmels. Was soll das bringen? All diese angeblich so hilfreichen Errungenschaften überfordern uns doch nur und halten uns eher voneinander fern. (…),[13] klagte er seiner Freundin und Gönnerin aus New York.

Er entdeckte und erkannte es sofort, es war etwa 500 Meter unter ihnen. Ein deutsches Jagdflugzeug patrouillierte an der Küste. Er flog ein unbewaffnetes Aufklärungsflugzeug mit zwei verletzten Menschen an Bord und er war sich völlig im Klaren darüber, dass dies nur für ihn von Bedeutung war. Und so plötzlich wie der deutsche Jäger unter ihnen auftauchte, setzte sich ein höllisch schmerzender Zweifel in seine Brust fest. Befänden sich Jean und Léa

---

13 *Antoine de Saint-Exupéry an Hélène de Vogüé*, New York, Datum unleserlich.

möglicherweise jetzt in einer weniger risikoreichen Situation, wenn er bereits am Hinflug verunglückt wäre, hätte es für die beiden vielleicht doch eine geringere Gefahr bedeutet, sich in den Wäldern des Vercors nach Westen durchzuschlagen?

Der Tod will kein Henkergeselle sein. Er hat uns aus dem Leben zu führen. Das ist sein Auftrag. Aber selbst er kann mit diesem Auftrag überfordert sein. Wenn wir Menschen, so wie in diesen Zeiten, an seiner ununterbrochenen Gegenwart Schuld tragen, dann regieren Krieg, Mord und Totschlag. Einzelne machen sich am Tod Unzähliger schuldig. Der Tod leidet und kann seiner nicht mehr gerecht werden, wenn er zum Sterben einer solchen Unzahl von uns Menschen gerufen wird. Dann geht er tatsächlich als verzweifelnder Sensenmann durch die Reihen der Sterbenden. Dann hat er für den aus dem Leben Stürzenden keine Zeit mehr und findet auch keine passenden Worte. So schweigt er, wenn er zu Erschießungskommandos gerufen wird, auf Niedergemetzelte blicken muss oder ganze Völker zugrundegehen sieht. Selbst er kann dann keinen Sinn mehr in seinem Erscheinen erkennen und ist sich selbst ein unsägliches Elend. (…) Der Tod will kein Henkergeselle sein. Er will dem glücklich an sein Lebensende

Gekommenen ein erwarteter Wegbereiter sein. (...)
Als ein Glücklicher will ich dem Tod begegnen.
Nelly, ich umarme Dich ...[14]

Auch der deutsche Jagdflieger entdeckte die französische Maschine, die sich sehr zu seinem Erstaunen zwar deutlich über ihm, aber dennoch in riskant geringer Höhe vom Festland aus dem Meer näherte.

Gemeinsam mit der Funkerin Léa hatte er Jean Prévost an Bord seines Flugzeuges nehmen und sie so vor den Deutschen, die den Vercors nach Angehörigen der Résistance und deren Sympathisanten erbarmungslos, unsagbar brutal und menschenverachtend durchkämmten, in Sicherheit bringen können. Auch seine Hoffnung beim Start auf Korsika hatte sich erfüllt: Völlig erschöpft und nur leicht verletzt hatte er seinen Freund aus alten Tagen in seine Arme schließen und ihm und Léa Rettung in Aussicht stellen können. Sie hatten sich zum Rückflug aufgemacht und alle waren sie voller Zuversicht gewesen.

---

14 *Antoine de Saint-Exupéry an Hélène de Vogüé*, La Marsa, Tunesien, 1943.

Erst später, kurz vor ihrem Ziel, ereilte sie gemeinsam der Tod. Und zu dieser Zeit traf das Schicksal auf drei glückliche, weil hoffende Menschen.

Etwas hatte er also doch erreicht: Jean und Léa waren in seinem Flugzeug dem Gräuel der deutschen Vergeltung entkommen. Und eine Zeit lang waren sie glücklich gewesen, denn sie hatten gehofft für ihre in den Bergen zurückgelassenen Kameraden endlich rettende Hilfe organisieren zu können.

Antoine, das wahre Glück ist erhaben über seine Dauer.[15]

Lediglich diese wenigen Worte hatte sie ihm vor Jahren auf eine Postkarte, die er jetzt unter seinem Fliegerhemd trug, geschrieben. Aber macht nicht gerade die Dauer das Wesentliche am Glück aus? Oder müssen wir vielmehr das wahre Glück erst zu verstehen lernen? Vielleicht hatte Nelly ihm das sagen wollen. Ja, nicht vielleicht, dachte er, genau das hatte sie ihm auch auf diesen Flug mitgeben wollen.

---

15 *Hélène de Vogüé an Antoine de Saint-Exupéry*, Postkarte, ohne Ortsangabe (französischer Poststempel teils unleserlich), Dezember 1939 (?).

In den Bergen der Résistance

So begab es sich wie es sich immer schon begeben hatte, denn seit jeher durchzieht das unmenschlich Grausame unsere Geschichte: Unschuldige wurden getötet, vorsätzlich, grausam, zur Abschreckung. Wem eigentlich zur Abschreckung? Den Nichtüberlebenden? Wohl eher zur Abschreckung der Mordenden. Auf dass sie den Schrecken vor dem Töten verlieren mögen. Diejenigen, die möglicherweise Ursache auf sich geladen hatten, massakriert zu werden und die, die ohne Schuld waren, wurden von sich Schuldigmachenden erschossen, erstochen, ertränkt, gehängt, angezündet, zu Tode gequält. Zuerst die Tiere, die keine Nutztiere oder den Menschen heilig waren. Ihnen folgten die Kinder, danach die Frauen und zuletzt die Männer. In genau dieser schmerzenden Reihenfolge. Vielleicht ließ man einige Greise, mit zerschlagenen Beinen auf dem Boden liegend und um ihr Leben flehend, aus zynischer Nächstenliebe am Leben.

Über dem Meer

Das Glas der Kanzel zerbirst unter einer MG-Garbe, ohne dass er von einem Splitter oder einem Geschoß verletzt wird. Vor seinen Augen ist nur noch und ganz nah das in der Mittagssonne glitzernde Meer. Es gelingt ihm die Maschine abzufangen und für kurze Zeit kann er die Lightning knapp über der Meeresoberfläche halten. Bald jedoch kippt die rechte Tragfläche ab und berührt das Wasser …

Aus einem fernen Blickwinkel sehe ich Nelly und mich in einem Doppeldecker über Land reisen. Wir sind beide abendlich elegant gekleidet, Nelly blickt immer wieder aus dem Flugzeug zum Himmel hinauf, mein grauer Seidenschal liegt unbewegt auf meinen Schultern. Ich sitze am Steuer. Die Abenddämmerung ist im Verlöschen. Unter den aufgehenden Sternen der hereinbrechenden Nacht hält unser Flugzeug völlig geräuschlos seinen Kurs. Nur der Mond ist zur Hälfte von einem schmalen Wolkenband verdeckt. Unter uns ziehen Nebelbänke über die Landschaft und geben nur ab und zu schwache irdische Lichtpunkte frei.

Nelly sitzt hinter mir. Ich erlebe jetzt beide Perspektiven in ihrer Gleichzeitigkeit. Wir unterhalten uns, als

ob wir auf einer Parkbank säßen. Wir haben die ganze
Nacht vor uns, die ganze Nacht für uns. Wir sprechen
miteinander, danach schweigen wir für längere Zeit. Un-
ter dem weiten Abendhimmel sind wir in unserer Ver-
trautheit zwei glücklich Ausgesetzte. Ich fühle mich ge-
borgen. Ohne Ziel steuere ich unser Flugzeug durch die
klare Nacht. Wir fliegen, um uns ungestört nahe sein zu
können. Nach einer Weile höre ich mich sagen: „Nelly,
ma chère compagne des cieux, Paris liegt unter uns ...!"
Nelly streckt ihren Arm aus dem Flugzeug. Sie möchte
mich auf etwas aufmerksam machen. Wohin aber deutet
sie? Jetzt lacht sie, lauthals und voller Freude. Ich fühle
mich so wohl, ich könnte endlos in dieser Seligkeit meines
Glücks weiterfliegen. Ja, ich werde einfach weiterfliegen,
in ihrem hellen und kindlichen Lachen weiterfliegen ...

Augenblicklich kippt das Flugzeug um neunzig
Grad nach Steuerbord, beginnt wie einer seiner
Propeller um eine waagrechte Achse zu rotieren und
versinkt danach mit zischenden Triebwerken im fast
unbewegten Meer.

In der Wüste seines Lebens

Tag und Nacht begegnen ihm in der Wüste zwei Wesen, deren Bekanntschaft er in seinem bisherigen Leben bereits gemacht hat. Meist haben sie ihn für eine nur begrenzte Zeit aufgesucht. Aber hier am Rande Afrikas sind sie zu seiner ständigen Begleitung geworden. Ihrem Wesen gemäß, suchen sie ihn stets einzeln auf. Anfangs hat ihnen die Wüste als Bühne gedient, auf der sie in all ihrer Unterschiedlichkeit, aber auch in mancher Gemeinsamkeit an ihn herangetreten sind. Bald jedoch haben sie diese Bühne der unendlich scheinenden Sandlandschaft, des wolkenlosen Himmels und des nächtlich hell leuchtenden Sternengewölbes verlassen und ihr einziger Zuseher ist ihnen zur Bühne geworden. Angesichts ihrer steten Anwesenheit beginnt er sich mit beiden, der Einsamkeit und der Kameradschaft, immer eindringlicher in langen Briefen nach Hause, in Gesprächen mit seinen Pilotenkollegen und in seinen Notizen auseinanderzusetzen.

„Wenn du möchtest, kannst du nachkommen. Ich werde Freunde besuchen und mich unter die

Künstler mischen. Man glaubt es kaum, aber in diesem kleinen und verwinkelten Land treffen einander die bemerkenswertesten Menschen. Solltest du keine Lust haben, dann bleib hier und warte auf mich. Ich werde nicht allzu lange bleiben, das Pariser Leben wird mir ohnedies bald abgehen."

Mit diesen Worten springt seine Verlobte Louise de Vilmorin aus dem Bett und, so hat er zumindest den Eindruck, entflieht auf der Suche nach Neuem seiner Umarmung. Sie zieht schwungvoll die Vorhänge zur Seite und verschwindet im Bad. Unvermutet ist er plötzlich allein, er kommt sich verlassen vor. Unter der Dusche stehend, ruft sie überschwänglich unverständliche Sätze durch die geschlossene Tür. Am Tonfall ihrer Stimme erkennt er allerdings, dass sie eher an alle Welt als an ihn gerichtet sind. Die gemeinsam verbrachte Nacht ist in ihm bereits zur schmerzenden Erinnerung erstarrt. Altvertraute Einsamkeit erfasst ihn. Nach einer Weile steht auch er auf und tritt ans Fenster. Lange blickt er blind auf die im späten Morgenlicht ausgebreitete Stadt. Nur Bilder aus seinem Inneren stehen ihm vor Augen.

Ich werde ihr in die Schweiz folgen, denn ich kann ohne sie nicht sein. Ich habe die Szene schon vor mir: Sie wird mich vor ihren Bekannten mit einer freundlich und fröhlichen Bemerkung begrüßen. Allen wird sie bei meinem Anblick freudig überrascht erscheinen, nur mir wird sie durch einen ganz flüchtigen und spöttischen Gesichtsausdruck zu erkennen geben, mich erwartet zu haben. Sie ist so viel stärker als ich. Der wahrhaft Liebende ist immer der Schwächere. Diese Gewissheit sie nie mehr erreichen zu können, sie endgültig verloren zu haben, wird mich wie eine der Esse entrissene glühende Lanze durchbohren.

Mit einer nachdenklich langsamen und resignierenden Geste schließt er die weißen Vorhänge.

Über die karge Landschaft ist mittlerweile eine nahezu undurchdringliche Dunkelheit hereingebrochen. Lediglich eine schwache Glühbirne, die oberhalb der Türe angebracht ist, beleuchtet den Sand und die Steine im unmittelbaren Eingangsbereich vor seiner ausgesetzten Behausung. Er ist ins Zimmer zurückgekehrt und hat es sich auf seinem Bett bequem gemacht. Der Wind, der über das Blechdach seines Gemäuers zieht, verliert allmählich an Kraft. Den Rauch seiner Zigarette haucht er zu Ringen geformt an die Zimmerdecke.

Wieder kommt ihm die Standuhr seiner Tante auf Saint-Maurice in den Sinn. Er sieht sich die hohe Glastür des Uhrkastens öffnen und das gleichmäßig schwingende Pendel beobachten. Unmengen von Sand ergießen sich schwallartig aus dem Uhrkasten. Bald jedoch verebbt dieser Sandfluss auf den roten Teppich des Luftpostzimmers. Er ahnt, nicht nur das geheimnisvolle Wesen der Zeit zu erblicken, sondern auch das Ende seiner Zeit vor Augen zu haben.

Wenn ich das Pendel anhalte, kommt die Zeit zum Stillstand.

Und während er dies denkt, berührt seine Kinderhand das Pendel nahezu unmerklich …

Das Luftpostzimmer im Château Saint-Maurice-de-Rémens

Paula, das Kindermädchen, ruft ihn schon zum dritten Mal zum Frühstück. Seine Geschwister sitzen bereits bei Tisch. Die Mutter betritt mit Klaviernoten unter dem Arm das Esszimmer und stimmt in die Rufe Paulas nach Tonio mit ein.

Sie durchfliegen eine vollkommen klare und ungewöhnlich kalte Nacht. Da die Verladung der Fracht nicht zeitgerecht erfolgt ist und das Seitenruder in San Julián hat ausgetauscht werden müssen, haben sie enorme Verspätung. Völlig erschöpft nähern sie sich von Süden Buenos Aires. Ihre Funkausrüstung ist seit über zwei Stunden defekt. Die Nachricht, dass sie dem verheerenden Sturm gerade noch entkommen und jetzt im Anflug auf ihr Ziel sind, hat seine Funkerin Monot nicht mehr absetzen können. Wechselnd starker Wind aus Nordwest setzt ihnen aber immer noch bedrohlich zu. Die ewigen Sterne des Himmels umstellen das nächtliche Lichtermeer der unter ihnen ausgebreiteten Stadt. „Sie erwarten uns, sie haben uns nicht aufgegeben, sie haben uns mächtig Feuer gemacht!", schreit er erleichtert seiner Schwester zu, als er die befeuerte Landepiste vor sich erkennen kann. Eine heftige Seitenböe erfasst ihre Maschine und stellt sie beim Landeanflug kurz vor dem Aufsetzen etwas schräg. Wieder spürt er den Schmerz in seinem linken Arm. „Paula, ich hab' die Piste zweihundert vor uns, wir haben's gleich geschafft!"

Augenblicke später ist er Henri Guillaumet, startet problemlos die einmotorige Breguet, steuert sie an einer Maschine vorbei, die von drei Männern aufgetankt wird und hält weiter auf die Startbahn zu. Am Rand der Startpiste bemerkt er ein etwa sieben Jahre altes Kind, das ein Nachtgewand und weiße Garnstrümpfe trägt. Er winkt ihm lächelnd zu. Gleich nach dem Abheben zieht er eine Schleife über dem Flughafen. Als er kurz nach unten blickt, kann er das Kind auf einem roten Wohnzimmerteppich ausmachen. Genüsslich ein Keks kauend und zwei Briefe in seiner linken Hand haltend, blickt es ihm staunend und wehmütig nach. Die dichten Wolken liegen sehr tief über dem Flughafen. Schon nach kurzer Zeit erreicht er sie, wenige Sekunden später hat er bereits die frühmorgendlich strahlende Sonne im Rücken und eine nahezu geschlossene Wolkendecke unter sich.

Plötzlich sitzt er am Frühstückstisch inmitten seiner Geschwister und sieht sich aufgeregt von seinen nächtlichen argentinischen Flugerlebnissen im Luftpostzimmer erzählen. Er berichtet so lebendig und wild gestikulierend, dass die warme Milch an sein Gesicht brandet, als er etwas zu schnell den Becher an den Mund führt. Seine Schwestern lachen auf und Tonio lacht mit ihnen. Auch die Mutter lächelt, als sie die Milchnase und die weißen Wangen ihres ältesten Sohnes erblickt.

Im Park von Château La Môle

Die Erfahrung lehrt uns, dass Liebe nicht darin besteht, dass man einander ansieht, sondern dass man gemeinsam in dieselbe Richtung blickt.

Antoine de Saint-Exupéry

Es ist sehr heiß. In seiner Pilotenmontur ist es nahezu unerträglich. Er nimmt die Lederhaube ab, lehnt sich an einen Baum seiner Kindheit und blickt auf La Môle, das sich im flirrenden Mittagslicht vor dem tiefgrünen Nadelwald erhebt. Nichts hat sich hier verändert. Auch er ist, während er Wald, Park und Schloss betrachtet, derselbe geblieben. Derselbe wie vor fast 40 Jahren. Während dieser Augenblicke hat er das Gefühl, ja die Gewissheit, als wäre keine Zeit verstrichen. So als hätte ihn die Zeit nicht zu dem werden lassen, zu dem er in all den Jahren doch geworden ist. Sein Erwachsensein ist weit jenseits seines gegenwärtigen Erlebens. Er ist wieder Kind.

Lange nach Jérômes Tod hat ihm seine Mutter erzählt, dass der Name der Tochter Mnemosyne gewesen sei. Zuerst ist er allein vom Namen fasziniert gewesen. Die Buchstaben- und Silbenfolge haben ihn begeistert. Dann hat er sich in die griechische Mythologie versenkt und am Ende hat er geglaubt verstanden zu haben, weshalb Jérome seiner Tochter diesen Namen gegeben hat.

Er verlässt den schattigen Unterstand und hält langsamen Schrittes auf das Schloss zu. Augenblicklich schlagen ihm wieder Licht und Hitze des frühen Nachmittags auf Gesicht und Körper. Von Norden her vernimmt er den unverkennbaren brummenden Lärm eines tieffliegenden zweimotorigen Flugzeuges. Er schaut mit suchendem Blick zum Himmel auf. Aber nicht als alter und erfahrener Pilot tastet er mit seinen Augen den Luftraum über sich ab, sondern als etwa sechsjähriges Kind, das noch nie Flugzeuglärm am Himmel vernommen hat. Er bleibt stehen, sein Blick entdeckt das Flugzeug und verfolgt es, bis es hinter dem südlichen Horizont verschwunden ist. „Das ist dein Aeromobil, Tonio. Du hast Kurs auf Korsika genommen." Auch diesmal dreht er sich nicht sofort um. Augenblicklich erkennt er die Stimme, weiß um die Bedeutung ihrer Worte und ist sich seiner letzten Freiheit, die ihm jetzt doch noch gewährt wird, bewusst. Es liegt an ihm, sich umzudrehen und seine schon so lang während Sehnsucht zu stillen. Orpheus' Schicksal kommt ihm in den Sinn, als dieser, Eurydike vorauseilend, aus der Unterwelt flieht und in Sorge und wohl auch mit Sehnsucht doch zurückblickt. Aber *sein* Schicksal wird ein anderes sein. Wortlos stehen die beiden hintereinander im Park des Schlosses. Ihr gemeinsamer Blick ist nach Süden in Antoines unabänderlich schwindende Zukunft gerichtet. Als er sich dann, von ihrer zarten Hand geführt, umwendet und ihr Blick dem seinen begegnet, der ihr endgültig zur Ruhe gekommen und unauslöschlich glücklich erscheint, kommt über La Môle ein sanfter Wind auf. Er trägt den Duft von Rosen und Lavendel.

Epilog auf Erden

Eine Frau, die ihren Sohn noch kämpfend irgendwo in Frankreich erhoffte, kämpfend erhoffte, weil noch am Leben erhoffend, beobachtete den Absturz eines Flugzeuges vor der französischen Mittelmeerküste. Diese beiden aufs Leben gerichteten Blicke währten tatsächlich nur wenige Augenblicke. Sie lösten sich vom gewohnten Ablauf der Zeit, schafften sich ihre eigene. Es entstand ein paralleler Zeitstrang, der allen ihren Erinnerungen und Vorstellungen Platz bot. Der eine Blick, ein Rückblick, ein rückblickender Überblick, ein Panorama ins eigene Leben in der abstürzenden Maschine und, wenige hundert Meter darunter, der andere Blick, ein Blick von der Küste in den Himmel über dem Meer, von schmerzvollen Gedanken durchwoben, viel mehr betroffenes Wahrnehmen als schaulustiges Zusehen. Das Beobachtetwerden durch diese Frau (nahm sie Anteil an dem Niedergehenden?) konnte keine Geborgenheit beim Verunglückenden aufkommen lassen, denn es offenbarte sich dem zum Absturz Verurteilten nicht. Der französische Pilot führte keinen Lebenskampf, schon gar nicht einen Überlebenskampf. Er durchlebte Erinnerungen, deren Intensität seine gegenwärtige Situation nahezu ausblendete. Die Frau und Mutter musste ständig an ihren Sohn denken. Seit seinem letzten Besuch zu Hause, der ihr Hoffnung gab, ihren Sohn bald endgültig bei sich zu wissen, kam sie mit seinem Fernsein ein wenig besser zurecht. Doch jetzt, in diesen Augenblicken entstanden ihr wieder unheilvolle und ängstigende Bilder und Ahnungen. Sie nahm das aufs Meer zustürzende Flugzeug nur als fernen Hintergrund wahr, als Sinnbild für die Begrenztheit allen Lebens, das die Gedanken an ihren Sohn und das Bangen um sein Leben nur noch qualvoller werden ließ.

Am 31. Juli 1944, als die Sonne an jenem heißen und nahezu wolkenlosen Montag ihren höchsten Stand erreicht hatte, stürzte eine Lockheed Lightning P-38 F-5B nahe der französischen Küste in das an diesem Tag außergewöhnlich ruhige Mittelmeer.

jn im Juni 2018

Welches Schicksal widerfährt all den Ereignissen,
die nicht niedergeschrieben werden und derer sich einst
niemand mehr wird erinnern können? Sie ergießen
sich in ein fernes und unergründliches Meer, in dem die
wahren Geschichtenerzähler ihre Netze auslegen ...

Personenverzeichnis

Agay, Pierre de *(1900-1996)*

heiratete 1923 in Agay Gabrielle de Saint-Exupéry. Mit seinem Schwager Antoine verband ihn eine enge Freundschaft. Francois, der Erstgeborene von insgesamt vier Kindern der Familie d'Agay, war Antoines Taufkind.

Dalloz, Pierre *(1900-1992)*

Französischer Architekt und Schriftsteller, begeisterter Alpinist und Fotograf; in dem mittlerweile sehr bekannten und letzten Brief Saint-Exupérys, den er an seinen gleichaltrigen Freund Dalloz schrieb, beklagte er bitter den Niedergang einer für ihn lebenswerten Welt.

Fonscolombe, Charles Henri Boyer de *(1838-1907)*

Baron de La Môle, Inspecteur des Finances, Großvater mütterlicherseits von Antoine de Saint-Exupéry.

Guillaumet, Henri *(1902-1940)*

Französischer Pilot und Luftfahrtpionier; war ein sehr enger Freund Saint-Exupérys, wurde im Zweiten

Weltkrieg auf einem Flug nach Syrien über dem Mittelmeer abgeschossen. Sein Tod traf Saint-Exupéry schwer, nach dem Verlust seines Freundes fühlte er sich für lange Zeit vollkommen verlassen. Ihm widmete er seinen Roman *Wind, Sand und Sterne* (1939).

Lestrange, Yvonne de *(1892-1981)*

Cousine mütterlicherseits, die Antoine unterstützte und ihn über ihren literarischen Zirkel in das Pariser Gesellschaftsleben einführte. Den Briefen an seiner Mutter ist zu entnehmen, dass er von seiner Cousine und ihrem abwechslungsreichen gesellschaftlichen Leben sehr angetan war.

Paula *(Lebensdaten waren nicht zu eruieren.)*

Österreichisches Kindermädchen der Familie Saint-Exupéry; eine Erinnerung an Paula hatten die Kinder jedoch nicht, da sie zur Zeit ihrer Betreuung noch sehr klein waren. Auch Antoine spricht im *Flug nach Arras* nur von *der Erinnerung einer Erinnerung.* Nach ihrer Rückkehr in die Heimat, sie war aus Tirol, bestand jedoch noch ein längerer Briefkontakt mit der Familie. Als Antoine schreiben gelernt hatte, beantwortete er freudig und stolz Paulas Briefe.

Prévost, Jean *(1901-1944)*

Französischer Literaturwissenschaftler, Schriftsteller, Journalist und Widerstandskämpfer; veröffentlichte als Erster in der Literatur-Zeitschrift *Le Navire d'Argent* (1926), deren Chefredakteur er war, Texte von Antoine de Saint-Exupéry.

Unmittelbar nach der Besetzung Frankreichs durch die Deutschen im Zweiten Weltkrieg ging Prévost in den Untergrund und wurde aktiver Widerstandskämpfer der Resistance.

Er war ein scharfer Kritiker General de Gaulles, vor allem in Hinblick auf dessen Verhalten gegenüber der Résistance im Vercors, die er den heranrückenden Deutschen de facto auslieferte. Sein Tod am 1. August 1944 nahe Sassenage, er soll gemeinsam mit mehreren Kameraden von den deutschen Besatzern aus einem Hinterhalt erschossen worden sein, ist nicht vollständig geklärt, keine der Leichen ist eindeutig als die seine identifiziert worden.

Reinhardt, Silvia *(1910-1994)*

Amerikanische Journalistin, war in erster Ehe mit Gottfried, dem Sohn von Max Reinhardt verheiratet; unterhielt eine kurze und sehr intensive

Beziehung mit Saint-Exupéry in New York. In ihrem Apartment verfasste er Teile des *Kleinen Prinzen*, ihr überbrachte er eines Morgens das Manuskript seines bekanntesten Werkes. Antoine sprach nicht Englisch, Silvia nicht Französisch; dies tat jedoch auch ihrem literarischen Austausch offensichtlich keinen Abbruch.

Saint-Exupéry, Jean de (1863-1904)

Vater Antoines; auf der Rückreise von Paris am Bahnhof von La Foux (in der Nähe von Saint-Tropez) erlag er einem Gehirnschlag und hinterließ seine noch sehr junge Familie.

Saint-Exupéry, Marie de (1875-1972),

geborene de Fonscolombe Mutter Antoines; ihr war er Zeit seines Lebens innig verbunden. Der intensive Schriftverkehr *Briefe an die Mutter* gibt davon ein berührendes Zeugnis. Sie überlebte drei ihrer fünf Kinder.

Saint-Exupéry, Marie-Madeleine de (1897-1927),

genannt *„Biche"*, Schwester Antoines; verfasste die Erzählung *Les Amis de Biche* (1927), diese erschien jedoch erst nach ihrem Tod. Marie-Madeleine verstarb an Tuberkulose.

Saint-Exupéry, Simone de *(1898-1978)*,

genannt *„Monot"*, Schwester Antoines; paläographische Archivarin in Indochina, verstarb auf Château d'Agay, schrieb *Fünf Kinder in einem Park*, Erinnerungen an eine glückliche Kindheit.

Saint-Exupéry, Antoine de *(1900-1944)*,

genannt *„Tonio"*, wurde am 29. Juni 1900 in Lyon geboren. Von Kindheit an begeisterte ihn die Luftfahrt, im Alter von 21 Jahren erhielt er den Zivilflugschein, war in Nordafrika und Südamerika im Luftpostverkehr tätig und trat im Zweiten Weltkrieg als Aufklärungspilot in die französische Luftwaffe ein.

Als Autor von *Der kleine Prinz (1943)*, eines der meist verkauften Bücher aller Zeiten, wurde er weltberühmt.

Weitere Werke: *L'Aviateur*, 1926; *Courrier Sud*, 1928; *Vol de nuit*, 1931; *Terre des hommes*, 1939; *Lettre à un otage*, 1941; *Pilote de guerre*, 1942; *Citadelle*, 1948 (unvollendet, posthum von Hélène de Vogüé veröffentlicht).

Am 31. Juli 1944 kehrte er von einem Aufklärungsflug über dem Gebiet von Grenoble nicht mehr nach Borgo (Korsika) zurück; weder die genauen Umstände noch der Ort seines Todes sind geklärt.

Saint-Exupéry, François de *(1902-1917)*,

Bruder Antoines, der mit 15 Jahren im Kreis der Familie auf Saint-Maurice-de-Rémens an einem wahrscheinlich entzündlichen Herzleiden verstarb. Antoines erste und sehr intensive Erfahrung mit dem Sterben und dem Tod. In seinem Buch *Flug nach Arras* erinnerte sich Antoine an das letzte brüderliche Zusammensein.

Saint-Exupéry, Gabrielle de *(1903-1986)*,

genannt **„Didi"**, Schwester Antoines; heiratete 1923 Pierre d'Agay. Antoine war ihr Trauzeuge und hatte bis zu seinem Tod engen Kontakt mit ihrer Familie. Immer wieder führten ihn Besuche auf das Schloss der Familie d'Agay an der Côte d'Azur.

Saint-Exupéry, Consuelo de *(1901-1979)*,

geborene Suncín Sandoval de Gómez. Die Kosmopolitin und bildende Künstlerin salvadorianischer

Herkunft lernte Saint-Exupéry in Buenos Aires kennen, bald danach heirateten sie in Agay (1931). Ihre Ehe war konfliktreich, oft gingen beide über längere Zeit getrennte Wege. Trotz zahlreicher anderer Liebschaften auf beiden Seiten fühlte sich Saint-Exupéry für seine Frau stets verantwortlich. Wie groß ihr Einfluss auf ihn war und wie bedeutend ihre Rolle in seinem Leben, wird bis heute sehr unterschiedlich eingeschätzt.

Vilmorin, Louise de *(1902-1969)*

war eine französische Schriftstellerin und in jungen Jahren Saint-Exupérys erste Liebe. Für sie hatte er auf Drängen ihrer Familie das Fliegen aufgegeben. Die Verlobung währte jedoch nur kurz; für die dicht umschwärmte de Vilmorin war der zwei Jahre ältere Antoine de Saint-Exupéry seiner ziellosen Jugend noch nicht entwachsen. Die Lösung der Verbindung traf Saint-Exupéry schwer, noch lange litt er an der Trennung.

Vogüè, Hélène de *(1908-2003)*

entstammte einer Industriellenfamilie, heiratete Jean de Vogüé, einen sehr wohlhabenden französischen Unternehmer, hoch gebildet, verfasste unter dem Pseudonym *Pierre Chévrier* eine Biografie des Autors und Piloten (1949) und veröffentlichte posthum *Citadelle* und *Carnets*. Langjährige Gönnerin, Ratgeberin und enge Vertraute Saint-Exupérys.

Werth, Léon *(1878-1955)*

Französischer Schriftsteller, der im Ersten Weltkrieg bis zu seiner Verwundung an der Front kämpfte und danach zu einem überzeugten Pazifisten wurde. Kritisierte in liberaler Geisteshaltung scharf den Kolonialismus, den französischen Klerus und verfolgte besorgt den in Deutschland aufkommenden Nationalsozialismus. Anfang der 30er Jahre entwickelte sich eine tiefe Freundschaft mit Antoine de Saint-Exupéry, der ihm sein bekanntestes Buch *Der kleine Prinz* widmete.

Anmerkungen

Die Abbildung auf der Vorderseite des Buches gibt Antoine de Saint-Exupéry aus Gründen des Layouts seitenverkehrt wider. Stehen denn nicht auch Biografie und Autobiografie in einem ähnlichen Verhältnis zueinander wie Bild und Spiegelbild?

Teile eines sehr persönlichen Briefwechsels zwischen Antoine de Saint-Exupéry und Hélène de Vogüé sind in das Kapitel *In den Bergen der Résistance* eingeflochten. In diese umfangreiche Korrespondenz, die sich in frankokanadischem Privatbesitz befindet, ist meiner Begleitung und mir im Herbst 2013 auf einem Landgut in der Auvergne großzügig Einsicht gewährt worden. *Ma Compagne des Cieux!* als Titel für diesen Briefverkehr dürfte der Vorbesitzer gewählt haben. In einem dieser Briefe spricht nämlich Antoine de Saint-Exupéry Hélène de Vogüé mit eben diesen Worten an. Der Briefwechsel ist in einer hellbraunen Mappe aus Karton aufbewahrt; auf dieser ist ein kleines weißes, nur gering vergilbtes Papierschildchen aufgeklebt, das die maschingeschriebene Aufschrift *Ma Compagne des Cieux!* trägt. Die Korrespondenz umfasst siebzehn

Briefe, davon sind fünf mit der Hand verfasst sowie zwei Postkarten. Eine Fotografie, die Antoine de Saint-Exupèry mit seiner Mutter und seinem jüngeren Bruder zeigt und von Hélène de Vogüé beschriftet ist, liegt dem Briefwechsel bei. Neun Briefe sind mit ihren Originalkuverts zur Gänze erhalten. Von den restlichen acht Briefen fehlen bei sechs vollständig erhaltenen Briefen die Kuverts. Zwei Briefe haben zwar Kuverts, sind jedoch aufgrund von Feuchtigkeitsschäden nur teilweise leserlich.

Bibliografie

Albert Béguin et al., *Das Schwarze Buch von Vercors*, Europa Verlag A. G., Zürich 1945.

Pierre Chevrier, *Antoine de Saint-Exupéry*, Gallimard, Paris 1949.

Curtis Cate, Antoine de Saint-Exupéry, *His Life and Times*, New York 1970.

Stacy Schiff, *Saint-Exupéry, A Biography*, Alfred A. Knopf, New York 1994.

Claas Triebel und Lino von Gartzen, Der *Prinz, der Pilot und der Antoine de Saint-Exupéry*, F. A. Herbig Verlagsbuchhandlung GmbH, München 2008.

Hermann Lage und Norbert Roedel, *Operation Noyade*, Karl Rauch Verlag GmbH & Co. KG, Düsseldorf 2010.

Karlheinrich Biermann, *Antoine de Saint-Exupéry*, Rowohlt Verlag GmbH, Reinbek bei Hamburg 2012.

Joseph Hanimann, *Antoine de Saint-Exupéry, Der melancholische Weltenbummler*, Orell Füssli Verlag AG, Zürich 2013.

Danksagung

Besonders danken möchte ich ...

Dietmar Jeitler, der mich im Hangar 7 des Salzburger Flughafens auf die Lightning P-38 aufmerksam machte und mir vom vermuteten Absturz Antoine de Saint-Exupérys erzählte.

Claas Triebel, der mich durch seine Dokumentation *Der Prinz, der Pilot und Antoine de Saint-Exupéry* zum Schreiben dieser kleinen und andersartigen Biografie anregte.

Hermann Laage und *Norbert Roedel* für ihr Buch *Operation Noyade, ein ungewöhnlicher Bericht*, das mir nicht nur in flugtechnischen, militärstrategischen und kriegshistorischen Detailfragen, sondern auch als kritischer Gesamtüberblick hinsichtlich der Gerüchte um den verschollenen Piloten und berühmten Schriftsteller sehr hilfreich war.

Hubert Spadiut, einem ehemaligen Piloten der deutschen Luftwaffe im 2. Weltkrieg, der in einem sehr erhellenden Gespräch nicht nur meine einschlägigen Fragen beantwortete, sondern mir auch eindrücklich zu schildern verstand, wie ihm vor mittlerweile über 70 Jahren in hoffnungslos erscheinenden und lebensbedrohenden Situationen im Cockpit das bisherige Leben plötzlich vor Augen getreten war. Er verstarb in seinem 93. Lebensjahr noch vor Erscheinen dieses Buches und so kann ihn mein Dank leider nicht mehr erreichen.

einer *frankokanadischen Familie*, die nicht ungenannt, aber unbekannt bleiben möchte, für ihre herzliche Aufnahme über einige zwar regnerische, jedoch sehr aufschlussreiche Tage für meine Arbeit an diesem Buch.

meinen Freunden *Traudl Langfelder*, *Bettina* und *Werner Maleczek*, die als Erste meine Zeilen lasen, mir im Französischen hilfreich zur Seite standen und mir wertvolle Anregungen gaben.

und wahrlich nicht zuletzt und ganz besonders *Franz Kriutz*, der mir und meinen Aufzeichnungen die *braumüllerischen* Türen im Servitengrätzl zu Wien weit öffnete.

© Heimo Pärm

Johannes Nestroy wurde 1958 in Wien geboren und lebt seit 1966 in der Steiermark, wo er als Facharzt für Urologie tätig ist. Autor zahlreicher Kabarettnummern, mehrerer Dramolette, zeitkritischer Artikel und des „historischen Märchens" Der Panther Theobald.